U0114549

朱伯崑 主編

易學漫步

臺灣學生書局印行

《易學漫步》序

朱高正

《易經》是一部可以開啟智慧法門的奇書，更是中國文化的活水源頭。相傳上古時代伏羲作八卦，逮周文王乃將八卦相重，演成六十四卦，並作卦辭。文王子周公作爻辭，至孔子乃作十翼。《易經》即指六十四卦的卦畫、卦名以及卦爻辭而言。《易傳》即指十翼，是為彖傳上下篇、象傳上下篇、文言傳、繫辭傳上下篇、說卦傳、序卦傳與雜卦傳，合為七傳十篇。周易的哲學思想體系就這樣歷經漫長的歲月，由卜筮中誕生、成長而脫胎換骨。歷來儒家莫不奉《周易》為群經之首，道家亦將其與老、莊並稱「三玄」。

兩千多年來，為《周易》經傳作注者，逾四千家，成就了博大精深的「易學」體系。然而，誠如四庫全書所云：「易道廣大，無所不包。旁及天文、地理、樂律、兵法、韻學、算術，以逮方外之爐火，皆可援易以為說；而好異者又援以入易，故易說愈繁。」由於易注既多且繁，眾品雜陳，初學者往往無所適從。傳統上，學易者大多從朱熹所著《周易本義》入門，但是古書本不易讀，何況易經兼有義理與象數之學，對現代人而言，常有望《周易本義》而興嘆之憾。

高正從中學時代自學鑽研易理，深知治易不易。誠如朱熹所言，學易需有「門徑」，現代人學易尤需有「現代的門徑」。《易學漫步》一書無疑為初學者提供一最為方便的「門徑」。本書係脱胎於北京大學朱伯崑教授為「國際易學研究院」函授班所編纂的教材《易學基礎教程》，內文主要由該院學術委員聯合執筆，再由伯崑先生定稿。

伯崑先生係一代哲學史大師馮友蘭教授的大弟子，其成名作《易學哲學史》四大卷係為賡續並補強其恩師之名著《中國哲學史》而作。伯崑先生任教北京大學哲學系迄今四十四年，桃李滿天下，為目前大陸國家教委核可之唯一《易經》博士生導師。近年來，伯崑先生推動易學研究不遺餘力，結合同道，創辦「國際易學研究院」，被推選為院長，並聘前中央研究院院長吳大猷先生為名譽董事長，而高正則於今年為該院籌措成立「國際易學研究基金」。伯崑先生為弘揚中華傳統優秀文化所付出的心力，令人敬佩。

去年高正即在伯崑先生鼓勵與指導下，就周易經文的闡揚，撰著《周易六十四卦通解》與《易經白話例解》。該二書出版以來，再版已逾五刷，對易學現代化當不無裨益。唯讀者諸君若欲對易學有通盤性的瞭解（諸如易學源流派別、歷代治易名家、易學思維方式，以及易學與哲學、道教、人倫、科技、醫學、審美等關係），《易學漫步》一書當可為初學者提供一完整而正確的學易框架。

本書原文三十餘萬言，經高正考量台灣閱讀習慣，建議刪節到不超過二十萬言，由伯崑先生親自主持改寫事宜，數易其稿。台灣學生書局總經理孫善治先生向來熱心維繫傳統優秀文化，對伯崑先生早亦景仰有加，決定出版此書以饗讀者，邀序於予，豈敢推辭，是為序。

易學漫步　目錄

緒論

說起《周易》，人們總感到很神秘，之所以感到神秘，原因是多方面的，其中很重要的一個方面，是因為它是一部古老的算卦書，好像具有通神的功能。三千年前西周人正是在這種意識下創作出了它，也正是在這種意識的支配下供奉它、使用它，每逢大事請示它，用它來預決吉凶，確定方策。之後的幾千年，各朝各代都有不少人用這樣的眼光看待它，用這樣的觀念解釋它。時至今日，仍有相當多的人沒能從這種觀念下解脫出來，還在宣揚它的神秘性，有的甚至宣揚到連自己都不知道是怎麼回事的程度，像是進入了十里迷霧，分不清了上下左右。

有道是，與其昏昏於神，不如昭昭於人。否則發展科學做什麼？發展科學就是為了解除蒙昧、讓人明白。神秘就是蒙昧，要人明白就要消除神秘。《周易》是人創作出來的，所以也只有用人間的道理才能把它解釋清楚。驅散籠罩著它的迷霧，消解人們對它的神秘感，說明它究竟是什麼、其中有些什麼道理、對人有些什麼價值，這是我們編寫這本書的基本目的。

一、《周易》系統的結構

客觀一點說，《周易》最早確實是一部算卦書。不過它不是神造的，而是人作的，它不是神意的體現，而是人們經驗的總結。

在中國上古時代，由於生產水平的低下、人類能力的局限，人們無法主宰自己的命運，也無法解釋自然的怪異現象，所以把自然界出現的種種不明事物歸之於神意。認為有一種超人的意志或力量決定著人間的吉凶禍福，並把這種超人的意志或力量人格化，稱之為上帝或上天。後人籠統地稱之為「神」。

既然神主宰著人間的一切，那麼人在做事之前就想預先求知神意，以免違背神意而帶來災禍。它們在長期的生活體驗中自認為找到了一種與神意溝通的途經，這就是算卦。

算卦的方法有多種，其中常用的有兩種：一種是用蓍草排列組合，從中得出一些數字，畫出一些符號，根據數字和符號判斷神意。這叫做「占」，之所以相信「占」通神意，是因為他們認為蓍草是神草。另一種是用火燒龜甲或獸骨，通過燒出的裂紋形狀判斷神意。這叫做「卜」。之所以相信「卜」通神意，是因為他們認為龜甲或獸骨是神物。

數字符號，裂紋形狀，它們的蘊義是什麼？最早誰都沒有根據，只能根據從事占卜人員的自我感受。不過占卜人員每每把這些數字符號或裂紋形狀記錄下來，等待著實際行動的驗證，最後再把驗證的結果記錄在該次占卜所得數字符號或裂紋形狀的下面。久而久之，再次占卜出的數字符號或裂紋形狀，它們的蘊義便有據可查了，這即是從前所得相同符號或裂紋形狀的實際驗證結果。

不知道經過了多少年代，有人將這些數字符號、裂紋形狀及其驗證結果的記錄進行了整理，形成了我們現代人所說的「書」，以供人們算卦使用。這就是算卦書。

古代的算卦書不是一種，每種書也不是一下就成形的。《周易》是西周時期形成的用蓍草算卦的書。因為它成形於周代，是通過蓍草的變易來預測事物的變易的，所以後代人以「周易」二字名之。

《周易》產生後，流傳越來越廣，但由於它原有的形式比較古樸，記錄的事情比較簡略，給後人的理解造成了困難，因此有一些《周易》的傳授者在傳授的過程中便加入了自己的說明和解釋。這些說明和解釋經過一定時期的積累和整理也形成了書。由於不同的傳授者有不同的理解，所以這類書也就有了許多種。這些書與《周易》有聯係，也有區別。後人為了標明它們之間的聯係和區別，所以分別給它們起了一個名字，稱這些書為《易傳》，稱原本的《周易》為《易經》。「傳」有傳授的意思，《易傳》，意為傳授《周易》的書。「經」有恒久不變之意，它是相對於「傳」而言的。因為「傳」是傳授之作，有許多種，各有各的說法，而原本《周易》只有一種，是各種「傳」所遵從的恒久不變的依據，所以稱之為《易經》。

在長期的流傳中，有些《易傳》沒有產生什麼影響，有些《易傳》失傳了。到了漢代，流傳下來的、有重要影響的《易傳》有十種，它們是《彖傳》上下篇、《象傳》上下篇、《文言傳》、《繫辭傳》上下篇、《說卦傳》、《序卦傳》、《雜卦傳》。人稱「十翼」。「翼」指羽翼，意思是說，它們是用以輔助理解《易經》的書。

所以，漢代之後，《周易》這個書名與以前不同了，它既包括原本的《周易》（即《易經》），又包括流傳到漢代的《易傳》（即「十翼」）。

漢代之後，人們對《周易》的研究更加深入，更加廣泛。不但研究《易經》，而且研究《易傳》；不但研究《周易》的算卦方法，而且研究《周易》的內在道理；不但對其文句進行訓詁考據，而且用其道理解釋人間事變；不但用它說明宇宙天地，而且用它激發文思。兩千多年來，有關《周易》的研究著作有三千多種，從而形成一個廣闊、龐大的學術領域。人們稱這個領域為「易學」。

有鑑於這樣的歷史背景，當我們籠統說到「周易」的時候，那就不單單是在說《易經》，而往往是指包括《易經》、《易傳》、易學在內的一個有關《周易》的龐大的知識系統。我們這本書也正是按照這樣的系統結構展開的。

二、《周易》系統的價值

《易經》是由六十四卦組成的。每卦都有卦名、卦象、卦辭、爻辭。比如離卦：「離」的卦名，「䷝」是卦象；「利貞。亨，畜牝牛吉」是卦辭；「初九　履錯然，敬之無咎……」是爻辭。

其中的卦象，是由六層符號組成的，每層的符號或是「⚊」，或是「⚋」，名稱為爻，卦辭是用來解說整個卦象的象徵意義的；爻辭是用來解說各爻的象徵意義的，六個爻都分別有自己的爻辭，上列中的「初九」指最下的一爻，它的爻辭是「履錯然，敬之無咎」，其它五爻的爻辭在例中省略了。

前面說過，《易經》是在神秘觀念的支配下創作的，但它自身卻是從人們長期積累的經驗中整理、提煉出來的。比如這離卦的掛辭，就是古人在算卦得到離卦的卦象後遇到了吉利，而且所問的事情與畜養母牛有關係，所以卦下記錄的卦辭是「利貞。亨，畜牝牛吉。」「利貞」，是說這是一個吉利的卦；「亨」，是進行祭祀活動；「畜牝牛吉」，是說算得這個卦後，畜養母牛，得到了好處。

人們一直在用神秘的眼光看待《易經》，用它來算卦，但它自身的價值卻在於古人從經驗之中所體驗出的道理。比如其中的卦象都用「—」與「--」兩種符號組成，而不用一種、三種組成；兩種符號六層相疊，得出了六十四個卦象，正好是一個完整的排列組合序列而沒有短缺。這都說明，在算卦的形式下面包含著古人在生活經驗中產生的對世界的一些看法。比如說認為世界是由兩種基本的、性能相反的東西構成的，世界是圓滿的，不同事物是兩種基本東西份量不同與位置不同形成的，如此等等。不過《易經》並沒有直接這樣表述出來，僅僅是在算卦的形式下隱約地暗含著這樣的一種模糊的觀念。所以從總體上看，《易經》是一種算卦書，而不是講述道理的書。

《易傳》與《易經》不同，它在解說《易經》算卦方法的同時，重點放在闡述道理上。這些道理有的也可能暗含在《易經》中，而更多的是《易傳》作者自己的體驗和發揮，然而由此形成了《周易》的基本理論，建立起了《周易》的理論體系。它的貢獻在於將《周易》從算卦之書轉化成了哲理之書。譬如《繫辭傳》提出「一陰一陽之謂道」，就是在講整個世界的基本法則，認為兩種相反的因素相互交替是一切事物發展變化的基本法則。

鑑於《易經》和《易傳》一者為算卦書、一者為哲理書的歷史狀況，從漢代開始，人們對「周易」的看法便有了歧識：一種認為它是一種學問；一種認為它是一種占術。從而有了「學」與「術」的分野。

「學」與「術」是不同的。所謂「學」，是指研究《周易》之中蘊涵的道理，所謂「術」，是指用《周易》推測人事吉凶。這兩種認識分別代表了兩個相背而馳的傾向。前一種是要啟迪人們的智慧，增強人們認識世界、對待事物的能力，把人們引向明智慧敏，後一種則是在強化人們對《周易》的神秘感，解除人們的自信，消磨人們認識世界的努力，把人們引向痴愚昏迷。

正因為如此，所以，《周易》系統的價值在學而不在術。這一點古代先哲已有論說。譬如孔子就說過，他學習《周易》的目的是為了「可以無大過」，也就是說是為了少犯錯誤，不是為了占問個人的吉凶禍福。在他看來，懂得了其中的義理則用不著算卦。後來的大學者荀子將這種學易的學風概括成一句話，這就是「善為易者不占」。漢代的學者賈誼也對當時的算命先生們進行過諷刺和挖苦，說他們憑自已的嘴巴，投人之所好，藉以騙取錢財。因此稱他們為不知羞恥的卑賤之徒。

因此，我們當今研究《周易》，很重要的一條，就是要區分學與術，不能視易學為算命術，更不能以術代學，否則會走入歧途。

三、易學研究的方法

在以往的易學研究中，一直存在著兩種既相互聯係又相互區別的方法：一種是從事文字的訓詁考證；一種是解釋和闡發其中的義理。前者的興趣在於注解《周易》經傳的文句、字意，考辨卦象及其邏輯結構，目的在於求取《周易》的原本意義；後者的興趣在於揭示《周易》經傳蘊涵的道理，或借《周易》經傳來闡發自己的易學觀，並提出自己的一套理論體系。這兩種方法視角不同，各有千秋，都對易學的研究做出了貢獻，尤其是後者，對中華學術的發展產生了重大影響。我們當今研究《周易》，這兩種研究方法仍有一定的參考價值，但要注意兩點：一是，對《周易》經傳的訓詁和考證，不能脫離其形成的歷史條件；二是，對其義理的闡發，不能脫離《周易》經傳的文句而任意附會和引伸。

除了以上兩種傳統的方法之外，還需要使用科學的研究方法，即將《周易》系統的典籍看成是一個歷史發展的過程。從前面所談的《周易》系統的發展過程來看，經、傳、學三部分是在三個不同歷史的時期形成的，它們分別反映了三個不同歷史時期人們的思想發展水平。因此，在研究這三個不同時期的文獻時，應把它們放在各自形成的歷史背景下進行剖析，並探討它們之間思維發展的邏輯過程，總結思維發展的規律及其觀察和處理問題的思維方式，從中吸取經驗教訓。

這種研究方法，既是歷史的，又是分析的。運用這種方法，既有助於理解《周易》經傳的本義，又可以認清歷代易學發展的過程及其在思想史上的地位和貢獻。比如《易經》乾卦的卦辭是「元亨利貞」。這四個字究竟是什麼意思？後人做出了各種不同的解釋。《易傳》曾將其解釋為四種道德，即「仁義禮乾」。「乾」意為辦事幹練。漢唐之間又有多種解釋問世。到宋代，著名學者朱熹認為「元亨」是通順之意，「利貞」是吉利之卦的意思。從文字訓詁的角度來看，朱熹的解釋更近《易經》本意；從歷史發展的角度來看，各種解釋都反映了當時人們的一種思想傾向，將這些思想傾向聯係起來，可以從一個方面看出人們思想發展的脈絡，所以也有它們的歷史價值。

運用這種方法，既可以避免一切唯經傳是從的思想片面性，又可以避免將古代不同時期的易學思想現代化，從而使易學研究從神秘主義的氛圍之中擺脫出來，走上健康發展的道路。

不管採取什麼樣的研究方法，對於初學易學的人來說，首先要讀懂《周易》經傳的文句，以便對其中的內容有一個基本的了解。在此基礎上再開始研究，或從事文字訓詁和考證，或探討和開發其中蘊涵的義理，或總結其理論思維的內容和形式，或運用其基本原理觀察和處理實際問題。總之，首先要掌握易學基本知識，這是基本功。切忌不顧歷史實際和科學實證而任意想像、任意發揮的不良學風。

第一章　《易經》

一、《易經》的內容及性質

《易經》，是中國古代最重要的典籍之一。在差不多兩千年的經學時代中，它幾乎一直位居群經之首，因此倍受士人的重視。從漢代開始，歷朝歷代都出現了大量注釋及研究《易經》的著作，它們構成了中國古代文化發展的一個重要方面。那麼，在歷史上有如此重大影響的《易經》是一部什麼樣的書呢？以下，我們就略作介紹。

《易經》原稱《周易》，《左傳》及《周禮》中就已經提到過它。（後人有時稱《周易》把《易傳》也包括進去，應注意與此區別。）用「經」來稱呼一本書以示其重要，大概從戰國時候才開始。所以，《易經》一名是後人奉《周易》為經典以後才出現的，《周易》乃是此書本來的名字。現在我們要問，古人用《周易》二字作一本書的名字，有什麼樣的意義呢？

首先看一下「易」字。它在古代其實是占筮之書的通稱，負責占筮的人有時候也稱易。據《周禮》記載，太卜執掌著《連山》、《歸藏》和《周易》三種易的卜筮方法，前兩種後來都沒能流傳下來，對《周易》我們也只是了解一些。至於占筮之書為什麼稱易，古來說法不一。較有影響的一種是，「易」是象形字，模仿的是蜥蜴，從古代文字中「易」字的寫法來看，此說合理。蜥蜴以善於變化而著稱，這大概就是占筮之書稱「易」的主要原因。後來人說易一名而含三義（簡易、變易、不易）或四義（前三種再加上交易），屬於對「易」義的解釋與發揮。

關於《周易》中的「周」字，後人主要有兩種不同的理解。一以其為「周普無所不備」，此義是說《周易》一書包括了一切宇宙間的道理；一以其為朝代名，即指周代。從古代文獻的記載與古人給書命名的習慣來看，以後一種理解更為恰當。古代以「周」字命名的書籍一般都取周代之義，如《周禮》講的是周代的禮制，《周書》指周朝的官方文獻等。《周易》的「周」字也不當例外。因古代有三易，加「周」字可能是以示區別。

如此說來《周易》二字從字面上看即是「周代的占筮之書」之義。此書從內容上講，與其他典籍不同。一般書籍都由篇或章組成，《周易》的構成單位則是卦，全書包括六十四卦。大概從戰國時候起，《周易》就被分為上下兩篇，上篇由前三十卦構成，下篇則是餘下的三十四卦。

「卦」字之得名，歷史上有不同的解釋。有人以卦為「掛」，義指把卦象懸掛起來，以便人們觀看。清代學者張惠言提出「書地識爻謂之卦」，意指占筮時每得一爻，便寫於地上，以便記憶，這樣三爻或六爻便構成一卦。所以「卦」字從土卜，由兩個「土」字與一個「卜」字構成。以後者較為樸實，可能符合「卦」字本義。

《周易》六十四卦是由八個基本卦兩兩相重形成的。這八個基本卦即八卦，指的是乾、坤、震、艮、坎、離、兑、巽，其卦形或卦象分別是☰、☷、☳、☶、☵、☲、☱、☴。它們在《周禮》中被稱作經卦，六十四卦則被稱為別卦。從八卦的卦象來看，其基本構成要素是奇⚊偶⚋兩畫。八卦均是三畫卦，即每卦由⚊和⚋三重疊而成。初學者一般不容易記住每一卦的卦象，宋代大儒朱熹著《周易本義》中記載有《八卦取象歌》，可以幫助人們熟記卦形。取象歌是這樣說的：

☰乾三連，☷坤六斷；
☳震仰盂，☶艮覆碗；
☲離中虛，☵坎中滿；
☱兑上缺，☴巽下斷。

其中每一句的前一個字是卦名，後面兩個字則是對該卦卦形的形象化描述。

八卦是三畫卦，由其兩兩相重構成的六十四卦則是六畫卦。因此，六十四卦中的每一卦都可區分出上卦和下卦，上卦也稱外卦或悔，下卦也稱內卦或貞。上、下卦相同的共有八個，即由八經卦自我重疊形成者，它們仍叫原來的名字，如䷀（乾下乾上）為乾卦，䷜（坎下坎上）為坎卦等。其餘五十六卦的上下卦均不同，卦名則另起。如䷊（乾下坤上）為泰卦，䷋（坤下乾上）為否卦等。六十四卦的出現，標誌著《周易》一書結構的基本完成。

《周易》六十四卦的每一卦都由卦象、卦名、卦辭和爻辭四項構成。我們可以舉乾卦為例來說明，該卦全部內容如下：

䷀乾，元亨，利貞。

初九，潛龍勿用。

九三，見龍在用，利見大人。

九三，君子終日乾乾，夕惕若，厲，無咎。

九四，或躍在淵，無咎。

九五，飛龍在天，利見大人。

上九，亢龍有悔。

用九，見群龍無首，吉。

文首由六個一符號構成的䷀，便是該卦卦象。它是由兩個三畫的乾卦相重而形成的。卦象中的六畫即六爻，從下而上，分別叫做初爻、二爻、三爻、四爻、五爻、上爻。由於構成卦象的基本單位有一和--兩種，為了便於區分，大約從戰國時起，開始稱一為九，--為六。這樣，全部由一組成的乾卦六爻的名稱，從下而上依次便是初九、九二、九三、九四、九五和上九。

卦象位居一卦之首，這一方面可能是因為其於各部分中最為早出，另一方面也是因為它是整個卦的基礎。後面的文字都是對它的說明。卦象䷀後面的「乾」字是該卦卦名，而乾字後面的「元亨，利貞」，則是該卦卦辭，用來從整體上說明此卦的基本特點。卦辭本稱「彖辭」，唐以後才改稱卦辭。卦辭後面的部分就是爻辭。每一條爻辭前都有爻題，如初九、九二之類，一卦有六爻，也就有六條爻辭。爻辭是說明每一爻的內容與性質的，因每一爻位置、性質等不同，所以爻辭即有別。如乾卦初九爻辭是「潛龍勿用」，九五爻辭是「飛龍在天，利見大人」等。

《周易》六十四卦中，只有乾、坤兩卦六爻全部由一或- -構成。與此相應，這兩卦的內容便多出了用九和用六兩項。用九和用六後面的文字不能稱為爻辭，因其不是用來說明某一具體爻的。其用途與《周易》的占筮方法有關。乾、坤兩卦之外的六十二卦的卦象中都同時包含有一和- -，只是位置與數量不同。每一爻的稱呼由其性質與位置而定，比乾、坤二卦六爻的稱呼要複雜。如䷂屯卦六爻，自下而上依次稱初九、六二、六三、六四、九五、上六。䷊泰卦六爻，自下而上則稱初九、九二、九三、六四、六五、上六。《周易》共有六十四卦，便有六十四條卦辭。每卦六爻，六十四乘六，共有三百八十四爻，因而也就有三百八十四條爻辭。

《周易》一書有象有字，內容特殊，與此書的性質有關。前面曾說「周易」即周代的占筮之書，已經包含了對此書性質的理解。根據古代文獻的記載，《周易》在周代是由卜史或筮人等來掌握的，其功用在於預測吉凶。《左傳》與《國語》中記載的與《周易》有關的材料也可以證明這一點。據統計，《左傳》與《國語》中涉及《易》者共二十二處，其中十六處是用之以占筮人事吉凶的。這個比例也說明春秋時人主要是把《周易》看作占筮之書的。當然，從春秋起，也出現了從哲理方面解釋《周易》的傾向，以後還發展出《易傳》，但這屬於後人對《周易》的新解釋，與其本來面目不同。歷史上和現在有許多人把《周易》看作是義理之書，即主要講天道及人事教訓的著作，是不恰當的。另有人以《周易》為史書，也不準確。朱熹在《朱子語類》中說：「易本卜筮之書」，是對此書性質的正確說明。

《周易》本是占筮之書，這也可以從其內容方面得到證明。如其卦象，均由一和--兩個符號構成，便是為了使人們經由一定方法求得卦象，以辨吉凶。至於卦爻辭，主要即為說明吉凶之用。故其中多「吉」、「利」、「無咎」、「凶」等占辭，無此等詞者，吉凶之義也寓於文字中。可以說，《周易》的卦爻辭均直接或間接地說明吉凶，表明了其占筮之書的本來面目。

當然《周易》中也包含了許多生活智慧，表現了當時人們的認識水平，這也正是它能逐漸擺脫占筮之書的面目，不斷被哲理化的根據所在。

二、龜卜與占筮

龜卜與占筮是古人了解天神意志，預測人事吉凶的兩種主要方法。在古代社會政治生活中，它們占有十分重要的地位 如《史記、龜策列傳》說：「王者決定諸疑，參以卜筮，斷以蓍龜，不易之通也。」下面，我們就來介紹一下龜卜和占筮的一些情況。

先來看一下龜卜。顧名思義，它與龜有關，的確，龜卜所用的主要材料即是龜甲，其中主要是腹甲，有時也用背甲。由於龜的來源比較困難，因此有時也用一些獸骨如牛肩胛骨、牛頭骨、鹿頭骨或虎骨等來代替龜甲。龜甲與獸骨合稱甲骨。龜卜的主要程序是，先收集甲骨，然後進行削鋸、刮磨及鉆孔等，鉆孔是在甲骨的背面，這個步驟完成以後，便將其置於火上燒灼，同時講述要卜問的事情，一段時間之後，甲骨的鉆孔附近便會爆裂，在正面呈現兆紋。卜人便根據兆紋的形狀來判斷所問事情的吉凶，並把結果記錄於甲骨兆紋旁邊，此稱「卜辭」。有時候，卜人還要把所卜之事在實際生活中是否應驗做一記錄，此稱「驗辭」。

龜卜的歷史非常悠久，到殷代晚期，已形成為一比較精緻複雜的系統。與此相比，占筮的歷史可能要稍短一些。周人既迷信龜卜，也相信占筮。占筮所用的材料起初可能是竹，所以筮字從竹，但後來則改用蓍草。其方法是，通過蓍草數目的變化，求得一定卦象，然後依卦象及卦爻辭等來預測吉凶。這與龜卜的方法是不同的。大體説來，龜卜重「象」，占筮則以數為基礎。前者根據甲骨正面的兆象以定吉凶，後者則依數定象以斷吉凶。

《周易》是一部供占筮而不是龜卜用的書籍。依此書來占筮，首先必須掌握揲蓍成卦的方法。《易傳》曾記載有一種，《繫辭傳》説：

大衍之數五十，其用四十有九。分而爲二以象兩，掛一以象三，揲之以四以象四時，歸奇於扐以象閏。五歲再閏，故再扐而後卦……是故四營而成易，十有八變而成卦。

這一段話講得是揲蓍成卦的過程。「衍」通「演」，「大衍之數五十」，是說用於演算成卦的蓍草為五十根。先從五十根中取出一根置於一邊不參與推演過程，這樣就拿下四十九根，即「其用四十有九」。照《繫辭傳》的說法，要經過十八變才能確定一卦卦象。每卦有六爻，即三變成一爻。我們來看一下確定一爻的過程。首先是第一變，包括四個步驟：㈠「分而為二以象兩」。即把四十九根蓍草隨意分成兩堆；㈡「掛一以象三」。即取兩堆中任一堆中的一根蓍草，置於一邊，這樣，兩堆蓍草總數為四十八根；㈢「揲之以四以象四時」。揲即數，這句話是說將兩堆蓍草分別以四為單位來計算；㈣「歸奇於扐以象閏」。奇，指以四為單位計算之後的餘數。揲蓍的結果，餘數不外四、三、二、一幾種，而且，如果一堆餘數是四，另一堆也一定是四，一堆是三、二、一，另一堆則是一、二、三。兩堆的餘數相加必是四或八，沒有其他的可能性。「扐」，指手指之間。第四個步驟是將餘下的蓍草置於手指之間。上述四個步驟，即分二、掛一、揲四、歸奇，稱為「四營」。《繫辭傳》說：「四營而成易」，易即是一變，是說四營構成一變。第一變的結果，除去掛一、歸奇的蓍草，剩下的蓍草的數目可能有兩種：一種是四十九減去一再減去四，餘四十四；另一種是四十九減去一再減去八，餘四十。接下來是第二變，將第一變後拿下的蓍草（四十四或四十根）再按四營的程序數一遍，餘下來的蓍草數有三種可能性：四十、三十六或三十二根。然後，再進行第三變，即將第二變後餘下的蓍草依四營的程序來一遍，這樣得到的蓍草數目，其結果有四種可能性：三十六、三十二、二十八、二十四。至此，三變完畢。

那麼，如何確定一爻之象呢？前人對此說法不同，但無實質區別。比較方便的是將三變之後餘下的蓍草數目（或三十六、或三十二、或二十八、或二十四）除以四，則可以得到九、八、七、六這四個可能的數字。其中九和七為奇數，屬陽性，九為老陽，七為少陽；八和六為偶數，屬陰性，六為老陰，八為少陰。若得到的是九或七，則畫一陽爻⚊，若得到的是六或八，則畫一陰爻⚋。如此確定的便是初爻的爻象。其餘二、三、四、五、上各爻的爻象也由同樣的方法依次確定。這樣，經過十八變，一卦六爻全部得出，揲蓍成卦的過程宣告完成。

求得一卦的卦象，只是用《周易》進行占筮的一個環節，接下來還有一個重要的問題是如何依據卦象預測吉凶。依筮法得一卦象後，有時並不一定依此卦象、卦辭或爻辭來定吉凶，而是用其他卦的卦象、卦辭及爻辭、或者將這兩卦合看。其具體的占法，當時無系統的記載流傳下來，但可知與變爻和不變爻的區分有關。什麼是變爻，什麼是不變爻？這與筮法中的七、八、九、六四個數字有關。簡單地說，由九和六確定的爻稱為變爻，由七和八確定的爻則稱為不變爻。變爻的意思就是能變化的爻。變化的方式是，由九確定的陽爻⚊在占筮時應變為陰爻⚋，而由六確定的陰爻⚋則應變成陽爻⚊。我們可以舉一例子，譬如經揲蓍之後得到卦象䷍，是大有卦，其中九三爻是由數字九確定的，其他爻則分別由數字七和八確定。這樣，九三爻便是變爻，應變成陰爻⚋，如此便得卦象䷥，是睽卦。依《周易》的稱呼，大有為本卦，睽為之卦。預測吉凶時，則主要依據本卦變爻即大有卦九三爻之爻辭。若一卦中有兩個或兩個以上變爻時，情形更為複雜。宋儒朱熹在《易學啟蒙》中，依據古代筮例，曾擬定幾項占變爻的體例。它們是：

(一)一爻變者，則以本卦變爻之爻辭占。

(二)二爻變者，則以本卦二變爻之爻辭占，而以上爻之爻辭爲主。

(三)三爻變者，則占本卦及之卦的卦辭占，而以本卦的卦辭爲主。

(四)四爻變者，則以之卦中二不變之爻辭占，以下爻之爻辭爲主。

(五)五爻變者，則以之卦中不變爻之爻辭占。

(六)六爻全變者，乾坤則以用九與用六之辭占，並參考其之卦卦辭。其餘六十二卦則占以之卦卦辭。

這些說法未必完全符合古代占筮的實際情形，只作參考。另外，若一卦六爻全部是不變爻，則比較簡單，只占之以本卦卦辭即可。

以上簡單介紹了《周易》的占筮方法。從中可以看出，作為兩種預測吉凶的方式，龜卜與占筮有一些相似之處。如二者都要經由一定的步驟求得一定的象，對龜卜來說，是甲骨上的兆紋，對占筮來説，則是卦象。然後再根據象及辭來判斷吉凶。但占筮活動中人為的因素增加了，表現出了人類自我意識的發展。例如，揲蓍成卦過程與數字的演算密不可分，占法中的變化更反映了人類思維、推理能力的提高。

卦爻辭中有許多與卜辭相似，如一些斷占之辭，如「吉」、「大吉」、「利」、「不利」等，都源於卜辭。但卦爻辭較之卜辭，已有了很大變化。卦爻辭的文字較卜辭更豐富，組織也更整齊。另外，卜辭只限於記錄占卜活動，而且結果也極簡單，只限於肯定與否定兩種，如下雨或不下雨，刮風或不刮風等。卦爻辭中則包含了許多人道教訓及各方面知識，思想內容遠較卜辭豐富。關於占筮結果，雖然主要也是吉和凶兩種，但有很多卦爻辭強調人為努力的重要性，如以「悔」、「吝」等辭，表示通過自我反省可以變化占筮結果，化凶為吉。

三、卦爻象的起源與結構

《周易》的卦象有兩種，一為八卦，一為六十四卦，後者由前者演變而來。因此，探討卦象的起源，即是探討八卦的起源。在此問題上，古人説法不一。如《繫辭傳》提出伏羲氏觀象立卦説。認為伏羲仰觀天文、俯察地理，近取諸身，遠取諸物，於是始作八卦。還有人認為，八卦卦象☰、☷、☴、☳、☲、☵、☶、☱在古代本是八種主要自然現象，天、地、風、雷、火、水、山、澤的文字符號，後來才演變為八卦。

此外還有畫卦說。從卦象上來看，八卦是由⚊和⚋兩畫依三重疊，分別組合而形成的。我們可以畫出這一過程：

一重：⚊

二重：⚌ ⚍ ⚏ ⚎

三重：☰ ☱ ☲ ☳ ☴ ☵ ☶ ☷

《繫辭傳》說：「易有太極，是生兩儀，兩儀生四象，四象生八卦」，描述的便是這一過程，其中兩儀指⚊和⚋，四象指⚌、⚍、⚏、⚎。依此說，探討八卦的起源，又可具體落實到探討⚊和⚋即奇偶二畫的起源上來。

在⚊和⚋來源的問題上，近現代學者曾提出生殖器說、結繩說與竹棍說等幾種。其中值得注意的是建立在新近考古發現基礎上的數字說。此說始創於張政烺先生。他在甲骨文和金文中發現了許多用數字表示的易卦，如八十∧∧∧。統計分析表明，表示易卦的常用數字有一（一）、五（×）、六（∧）、七（十）、八（八）等幾個。其中「六」出現次數最多，「一」次之。我們曾提到，依《繫辭傳》中講到的筮法，確定爻象的是六、七、八、九四個數字，這樣，若用數字表示卦象，當用六、七、八、九四個。殷末周初的數字卦表明，當時的筮法可能與《繫辭傳》所說不同。張政烺先生認為，卦象最初只是用數字表示，後來才演變出一和- -兩種爻象。數字一和六在數字卦中出現的次數最多，說明它們在周初已經具有了符號的性質，即一代表奇數，六代表偶數。到後來，數字一漸漸演變成陽爻一，數字六（古代寫作∧）則演變為陰爻- -。此種以爻象源於筮數的主張，近年來有很大影響。它與占筮活動是以數求象的過程也是吻合的。但此說從邏輯上講，不能解決《周易》的結構問題，如我們所知，今本《易經》由八經卦，六十四卦構成，之所以如此，與構成它們的基本單位是一和- -兩種密不可分。因為一和- -二者三重疊，只能得出八種不同的圖象，從數學上講，即$2^3=8$。而八種三畫的圖象相重疊，也只能是六十四個，即$8^2=64$。但是，用筮數卻不能方便而合理地解釋《周易》為什麼具有如此的結構。

另外，屈萬里先生提示易卦源於龜卜的主張，其中雖未直接談及奇偶二畫的起源，但包含有它們來源於龜紋之義。這可以說是卦爻象起源問題上的取象說，上述張政烺先生的說法則是取數說。從理論上講，他們的說法都不能令人完全滿意。也許，隨著更多考古材料的發現，對這個問題會有更好的解釋。

四、卦名與卦序

八卦或六十四卦都有一定的名稱，這就是卦名。例如八卦中☰名乾，☷名坤，☲名離，☵名坎；六十四卦中䷀名乾，䷗名復等。卦名的出現當後於卦象，也許還晚於卦爻辭，從用處上講，主要是為了指稱的方便。那麼，卦名是根據什麼確定的呢？

首先來看一下八卦的卦名。古代學者曾對此進行過研究，提出過幾種看法。一種是取象說，認為八卦來源於對自然界中事物形象的觀察，卦象和卦名是統一的，都與該卦所模擬的事物有關。如☰乾卦之象為天，乾即古天字，所以此卦名乾；☷坤卦之象為地，坤字之本義為地，故此卦取名為坤等。另一種是取義說，認為八卦卦象各代表一定的意義，而卦名便是由此卦象所代表的意義來規定的。如☰乾卦都是陽爻，義主剛健，所以便以乾為名，「乾」有前進不息的意息；☷坤卦全由陰爻構成，義為柔順，所以以坤為名，坤就是順的意思。這兩種說法雖然不同，但是也有一個共同點，即都認為卦名和卦象之間有必然聯係。

現代學者在研究卦名問題時，拋開了卦象，重視卦爻辭，提出了新的看法。如高亨先生越過八卦，直接探討六十四卦卦名的來歷。他認為，古代人著書，一般都不給書中每一篇起名，篇名都是後人所追題。《易經》的卦名，也應該是如此。開始的時候，只有卦爻辭，各卦間只靠卦象區分，後來，才根據卦爻辭加上了卦名。據高亨先生統計，六十四卦中，只有坤、小畜、泰、大有、中孚五卦的卦名與卦爻辭無關。其餘五十九卦的卦名，都與卦爻辭有這樣那樣的關係。其種類可歸納為六種：㈠取筮辭中常見主要之一字以為卦名。屬於這種情況的最多，共有乾、屯、蒙、需、比、訟、師、履、否、謙、豫、隨、蠱、臨、觀、賁、剝、復、頤、坎、離、咸、恒、遯、晉、睽、蹇、解、損、益、夬、姤、萃、升、困、井、革、鼎、震、艮、漸、豐、旅、巽、兌、渙、節等四十七卦。如屯卦之得名，是由於該卦六二爻辭「屯如邅如」和九五爻辭「屯其膏」中都有「屯」字；需卦之得名，是由於該卦初九爻辭「需於郊」、九二爻辭「需於沙」、九三爻辭「需於泥」、六四爻辭「需於血」、九五爻辭「需於酒食」中都有「需」字等。㈡取筮辭中常見主要之兩字以為卦名，屬於這類的有同人、無妄、明夷、歸妹四卦。如「歸妹」二字在該卦爻初九、六三、九四、六五爻辭中都有出現；「同人」、「無妄」、「明夷」在卦的爻辭中也分別出現四、五次。㈢取筮辭中常見主要之一字而外增加一字以為卦名。屬於這種情況的有三卦，它們是噬嗑、大壯和小過。如小過卦中「過」字出現四次，另增一「小」字而為卦名。㈣取筮辭內容中之事物以為卦名，屬於此類的只有「大畜」一卦。因為筮辭中有牛、馬、豕等大的家畜，所以稱大畜。㈤取筮辭中常見主要之二字及內容之事物以為卦名。屬於此類情況的有家人和未濟兩卦。如未濟卦中六三爻辭為「未濟征凶」，另外如卦辭「小狐汔濟濡其尾」、初六爻辭「濡其尾」、九二爻辭「曳其輪」、上九爻辭「濡其首」都與「未濟」有關。㈥取筮辭中常見主要之一字及內容之事物而外增一字以為卦名。如大過、既濟兩卦就屬此類。如大過卦上六爻辭「過涉滅頂」中有「過」字，而九二爻辭「老夫得其女妻」、九五爻辭「老婦得其士夫」都是過分的事情。因此便由「過」字加一「大」字而為卦名。

關於高亨先生此說的更詳細內容，讀者可以參見其所著《周易古經今注》中的《周易卦名來歷表》。在卦名來源的問題上，這一說法是值得重視的。因為，從一部分文字中抽取主要之一字或兩字作為本部分的題名，是古代題名的一種方式，如《詩經》中大部分詩的名字多是取詩中主要二字而成。我們且舉兩個例子：如《召南·采蘩》云：「於以采蘩？於沼於澤。於以用之？公侯之事，於以采蘩？於澗之中。於以用之？公侯之宮。……」詩名「采蘩」即由詩的內容之中抽出。又如《鄘風·柏舟》云：「汎彼柏舟，在彼中河。……汎彼柏舟，在彼河側。……」詩名「柏舟」也在詩中出現兩次。這與高亨先生所說卦名與卦爻辭的關係是很相似的。

卦名既然只是從卦爻辭中抽取而來，那麼，它們也就沒有什麼特別的意義，與卦象本身也就沒有什麼邏輯上的必然聯繫。因此，對於我們今人來說，就不必像古人那樣去迷信卦名，或圍繞卦象去理解卦名的意義，認為卦名能反映一卦的主旨，而應認識到卦名不過只是一卦的標記以及便於區分各卦的符號而已。

現在讓我們看一下卦序。所謂卦序，即是指《易經》六十四卦的排列順序。首先應該指出，在歷史上，《易經》的卦序並不只一種。目前我們所能詳細瞭解的有兩種，那就是通行本《易經》卦序和馬王堆漢墓帛書本《易經》卦序。

通行本《易經》就是指我們歷史上流行的《易經》版本。它的六十四卦排列順序是以乾卦為首，接著是坤卦，最後是未濟卦。其具體的排列如朱熹的《周易本義》中曾記載的《卦名次序歌》：

乾坤屯蒙需訟師，比小畜兮履泰否。
同人大有謙豫隨，蠱臨觀兮噬嗑賁。

剝復無妄大畜頤，大過坎離三十備。
咸恒遯兮及大壯，晉與明夷家人睽。
蹇解損益夬姤萃，升困井革鼎震繼。
艮漸歸妹豐旅巽，兌渙節兮中孚至。
小過既濟兼未濟，是爲下經三十四。

這首歌前三句講上經，後四句講下經，按通行本卦序敘述了六十四卦卦名，方便了學習《易經》者記憶。

通行本《易經》六十四卦的排序有些什麼特點呢？對此，古代學者有不同的說法。最早對此做出解釋的是成書於漢初以前的《序卦》傳，這是《易傳》七種中的一種，其內容就是從理論上解釋六十四卦的排列順序。它認為，六十四卦從乾、坤到既濟、未濟，乃是一個存在著因果關係的系列，後卦因前卦而來，或者是相承接，或者是相反對。《序卦》對六十四卦的解釋，主要是重視卦名的義理，只有對乾、坤的解釋是按取象說，以乾為天，以坤為地。下面我們截取《序卦》傳的一段話來具體分析一下。該傳的開頭說：「有天地，然後萬物生焉。盈天地之間唯萬物，故受之以屯。屯者，盈也。屯者，物之始生也。物生必蒙，故受之以蒙。蒙者，蒙也，物之稚也。物稚不可不養也，故受之以需。需者，飲食之道也。」其中文首天地指乾坤。依中國古人觀念，天地合氣，便形成了萬物。「屯」的一個意思是充盈，義即天地之間充滿了萬物，所以乾坤兩卦之後就是屯卦。「屯」同時又指萬物初生之時，還比較幼稚，所以屯卦之後是蒙卦，「蒙」就是事物幼稚的意思。事物幼稚的時候，需要養育，所以「蒙」之後便是「需」卦，需就是飲食之義。如此等等。可以看出，《序卦》傳的作者只是就卦名來分析前後卦的關係，我們曾指出《易經》卦名並無特別的意義，所以《序卦》傳的做法並不妥當，另外，它解釋卦名並不根據卦爻辭，而是根據主觀需要加以義理化解釋，有很多牽強附會之處。《序卦》傳的解釋對後世影響很大，但只能代表該傳作者對六十四卦排列順序的理解，並不能反映《易經》六十四卦排列的本來含義。

《序卦》傳之外，古人對六十四卦的卦序還有另外一種認識。這種認識是唐代學者孔穎達在《周易正義》一書中提出來的。與《序卦》傳著眼於卦名不同，孔穎達注意的是卦象。他認為，從卦象上來看，六十四卦的排列是「二二相偶」，就是說每兩卦為一個對子，互相配合。它們配合的方式有兩種：「非覆即變」。「覆」的意思是說兩卦的卦象完全顛倒。如屯䷂，蒙䷃；泰䷊，否䷋；同人䷌，大有䷍等。「變」的意思是說兩卦的卦象六爻完全相反。如乾䷀，坤䷁；坎䷜，離䷝；中孚䷼，小過䷽等，在《易經》六十四卦三十二對中，只有四對八個卦完全屬於「變」類，除了前舉三對外，另外一對是頤䷚與大過䷛，其餘二十八對都可以說屬於「覆」類。但其中有些卦較特殊，既可歸入覆類，也可歸入變類，如既濟䷾與未濟䷿，漸䷴與歸妹䷵等，孔穎達此說確實道出了六十四卦排列中一些規律性的東西，符合《易經》的實際情況，影響也很大。後人進一步將

「覆」類稱為綜卦，「變」類稱為錯卦。

餘下的問題是六十四卦的排列為什麼依「非覆即變」的法則來進行。現代一些學者認為，因為《易經》是卜筮之書，這樣排列是為了便於記憶或背誦，以更好地適應占筮的需要。這種說法有一定道理。但是，我們也要注意，在每組對偶卦之間，並沒有規律性的聯繫，如乾䷀坤䷁為對偶卦，屯䷂蒙䷃為對偶卦，但是坤䷁屯䷂之間在卦象上並無特殊關聯，所以仍然是不大方便於記憶。也許，我們應該承認，六十四卦卦序的排列中體現著人們對對立及對立面之間關係的認識，就《易經》卦象來說，構成它們的基本單位是⚊和⚋，這是一組對立，⚊和⚋三重構成八卦，八卦即由四組對立面（☰和☷；☶和☳；☲和☵；☶和☱）構成。由八卦相重構成六十四卦，六十四卦也由三十二個對立面構成。編者在卦序中將這種對立表現出來，反映出了人類理性思維的發展程度，對後世人們認識水平的不斷提高有促進作用。

馬王堆帛書本《易經》的卦序，與通行本不同，從乾卦開始，而以益卦結束。我們先把六十四卦卦象和卦名依順序寫出，卦名全依通行本，看看排列有哪些特點：

䷀乾，　䷋否，　䷠遯，　䷉履，

䷅訟，　䷌同人，　䷘無妄，　䷫姤；

䷳艮，　䷙大畜，　䷖剝，　䷨損，

䷃蒙，䷕賁，䷚頤，䷑蠱；
䷜坎，䷄需，䷇比，䷦蹇，
䷻節，䷾既濟，䷂屯，䷯井；
䷲震，䷡大壯，䷏豫，䷽小過，
䷵歸妹，䷧解，䷶豐，䷟恒；
䷁坤，䷊泰，䷎謙，䷒臨，
䷆師，䷣明夷，䷗復，䷭升；
䷹兌，䷪夬，䷬萃，䷞咸，
䷮困，䷰革，䷐隨，䷛大過；
䷝離，䷍大有，䷢晉，䷷旅，
䷥睽，䷿未濟，䷔噬嗑，䷱鼎；
䷸巽，䷈小畜，䷓觀，䷴漸，
䷼中孚，䷺渙，䷤家人，䷩益。

很顯然，帛書六十四卦可以分為八組，每組由八個卦組成，而每一組八個卦的上卦都是一樣的。各組上卦的排列依次是☰乾、☶艮，☵坎，☳震，☷坤，☱兌，☲離，☴巽。而每一組八個卦中下卦的排列也有一定的規則，那就是除每組首卦為本卦自重外，其餘都按

☰乾，☷坤，☶艮，☱兌，☵坎，☲離，☳震，☴巽的順序展開。

《易傳·說卦》中有一段話說：「乾，天也，故稱乎父。坤，地也，故稱乎母。震一索而得男，故謂之長男。巽一索而得女，故謂之長女。坎再索而得男，故謂之中男。離再索而得女，故謂之中女。艮三索而得男，故謂之少男。兌三索而得女，故謂之少女。」這是以八卦中的乾坤兩卦為父母。而以另外六卦為子女，其中震、坎、艮分別是長、中、少男，巽、離、兌分別是長、中、少女。這樣，八卦就可分為兩組，一組為男卦，由乾、震、坎、艮組成，以乾為首；一組為女卦，由坤、巽、離、兌組成，以坤為首。這裡的男卦和女卦也就是《繫辭》傳所說的陽卦和陰卦。

將這與帛書六十四卦各組的上卦排列順序做一比較。我們就會發現一種規律性：前四組的上卦是乾、艮、坎、震，都是男卦或陽卦，以乾為首，以艮、坎、震為順排列，依《說卦》，是按少男、中男、長男的次序而展開；而後四組的上卦是坤、兌、離、巽，都是女卦或陰卦，以坤為首，以兌、離、巽為順排列，是按少女、中女、長女的次序展開。帛書對各組上卦的安排，體現著編者的思維意圖。第一是以類相從的思想。《易傳·繫辭》曾說：「方以類聚，物以群分。」這是講事物的聚散、分合都是與類有關，同類的事物會聚合在一起，不同類的事物也會分散開。帛書八組的上卦中，前四個為男卦或陽卦，後四個為陰卦或女卦，正體現著「方以類聚，物以群分」的觀念。第二是對立及尊卑的思想。帛書前四組與後四組的上卦之間體現著男與女、陽與陰的對立。而這種前後的安排則含有尊卑的意思，即男尊女卑，陽尊陰卑。如《繫辭》所說：「天尊地卑，乾坤定矣。」

帛書每一組八個卦之中下卦的排列，是依☰乾，☷坤，☶艮，☱兌，☵坎，☲離，☳震，☴巽的順序展開。這裡面也有一定的規則。其一是這八個卦可分成兩兩對立的四組，即☰乾與☷坤、☶艮與☱兌、☵坎與☲離，☳震與☴巽。每一組兩卦之間都是一陽一陰，而從卦象上來看，則是三爻完全相反，屬孔穎達所說的「變」的一類。其二是各陽卦與各陰卦的排列次序，仍然是按乾、艮、坎、震與坤、兌、離、巽而展開，與上卦有共同處。

從對帛書六十四卦上卦與下卦排列次序的分析來看，編者是很注意各個卦象的陰陽屬性的，或陽類一組、陰類一組，或陰陽錯綜、一陰一陽。許多學者都指出，在表現陰陽規律這一點上，帛書本都勝於通行本。

帛書六十四卦的排列順序，同時突出了上卦與下卦的區分以及八經卦的地位。《繫辭》說：「八卦成列，象在其中矣。因而重之，爻在其中矣。」這是講八卦相重，組成六十四卦。可以說，與通行本相比，帛書本同時也更突出了六十四卦是由八卦相重而形成的這一事實。

現在我們已經知道，通行本和帛書本《易經》卦序完全不同，兩者各有一定特點，但總來說，帛書本卦序要更有規律、更便於記憶。從時間上來看，通行本卦序形成很早，因為解釋它的《序卦》傳在漢初就已被稱引。另外，戰國時魏襄王墓中隨葬的《易經》，其卦序就已與通行本一致，說明通行本卦序至少在戰國中期就已定型。學者們認為，帛書本卦序不會早於通行本卦序。因為，如果《周易》經文本來就有像帛書那樣有嚴整規律的卦序，那麼誰也不會打亂它，再改編為通行本那樣沒有規律的次第。事實只能是，通行本是淵源更遠的經文原貌，帛書本則是學者出於對規律性的探索而改編經文的結果。

五、卦爻辭的內容及其與卦象的關係

卦辭和爻辭是《周易》一書中很重要的一個組成部分。就其素材而言，主要來源於前人占筮的記錄，後來經過編者的編纂而繫於每卦每爻後面，便成為卦爻辭。從文句上說，其內容大致可分成三類。一類是以自然現象的變化，來比擬人事的變化。如乾卦九五爻辭說：「飛龍在天，利見大人」，大過卦九五爻辭說：「枯楊生華，老婦得其士夫，無咎無譽。」一類是講人事得失，如屯卦六四爻辭說：「乘馬班如，求婚媾，往吉，無不利」，此類辭句最常見。還有一類是占辭，即判斷吉凶的辭句。如「利貞」、「咎」、「無咎」、「厲」、「悔」、「悔亡」、「吝」等。卦爻辭可以作為研究古代社會多方面情形的材料。如從社會生活方面來講，它包含有商旅、耕種、工藝、家族關係、政治組織、祭祀、戰爭、宗教、藝術等的信息。

從哲學史的角度來看卦爻辭的內容，首先的一點是對天帝的崇拜。如大有卦上九爻辭說：「自天佑之，吉，無不利」，認為如果有天神保佑的話，就一定會吉利。益卦六二爻辭說：「王用享於帝」，這是講周王祭祀上帝。《易經》還相信鬼神的存在，睽卦上九爻辭中有「載鬼一車」的說法。《易經》對天帝人鬼的信仰，再加上它本身作為筮書的性質，反映出其主導思想仍然是天命信仰，尚未擺脫宗教迷信的束縛，因而與哲學屬於兩個性質截然不同的階段。盡管如此，在卦爻辭中，也仍然包含了某些哲學思想的萌芽。這主要表現在以下幾個方面：

第一，認為自然現象和人事有一致性，《周易》在過去一直被認為是「推天道而明人事」之書，這當然主要是就《易傳》而言。實際上，「推天道而明人事」也是中國哲學的一個重要特徵，而在《易經》中，已經具備了這種特徵的萌芽。所謂天道，也就是指自然現象變化的過程。《易經》卦爻辭中經常通過講自然現象來比擬人事，典型的如乾卦爻辭中說的龍，無疑屬於自然現象。從初九到上九，爻辭通過「潛龍」、「見龍在田」、「飛龍在天」、「亢龍」等龍的變化來表現人在政治生活中的起伏升降。又如大過卦九二爻辭說「枯楊生稊，老夫得其女妻，無不利」，九五爻辭說「枯楊生華，老婦得其士夫，無咎無譽」。這是把老夫和老婦再婚比做枯老的楊樹生芽和開花。可以看出，《易經》的作者是試圖在自然現象的變化和人事之間尋找一致性，尋找一種共同的東西，把自然界和人作為一個整體來思考。這對於以後中國哲學的特點如天人合一等有很大影響。

第二，認為對立的東西可以互相轉化。《周易》對於對立現象有了很深的了解。從卦爻辭來看，涉及到許多對立的事物，如泰否、損益、既濟未濟、大人小人、丈夫小子、夫妻、吉凶、往來、得喪等等，難能可貴的是，《易經》認為，對立面之間是可以互相轉化的。泰卦九三爻辭說：「無平不陂，無往不復，艱貞無咎」。平陂，往復是兩對對立面，但它們之間卻可以互相轉化，平的會變成陂的，往會變成復。因此，雖然處在艱險不利的情形中，也可以無咎。又如家人卦九三爻辭說：「家人嗃嗃，悔，厲，吉；婦子嘻嘻，終吝。」這裡前後分別講兩種家庭，一種是貧苦憂愁的家庭，經過艱苦努力之後，最終會變好；另一種是家中終日吃喝玩樂的，終歸倒霉。其中也包含了對立面轉化的意思。《易經》對於事物什麼情況下向對立面轉化也有一定的認識。如乾卦九五爻辭是「飛龍在天，利見大人」。這是一個非常吉利之爻，但是上九爻辭就是「亢龍有悔」了。從卦象上來看，九五已經處在高位，但上面還有一爻，所以，還沒有發展到極限。而上九已位於最高處，容易跌下來，向反面轉化。這裡包含了事物發展到極端才向對立面轉化，即「物極則反」的思想。

由於事物可以向對立面轉化，所以，人們處在困境之時也不要灰心，經過努力會轉危為安；同樣，在順境之時，也不能大意，否則會有危險。如乾卦九三爻辭說：「君子終日乾乾，夕惕若，厲，無咎。」這裡講君子雖處於動蕩不定的情境中，但由於每天小心警惕，所以，雖有危險卻可以無咎。需卦九二爻辭「需於沙，小有言，終吉」，說的也是同一意思。又如大有卦初九爻辭云：「無交害，匪咎，艱則無咎」，強調「艱」則無咎，十分重視人的努力在吉凶轉化中的作用。

第三，提出了一些對後世有很大影響的做人處事的原則，如《易經》很推崇謙卑，這從謙卦中可以看出。、六十四卦中，只有謙卦從卦辭到爻辭全部是吉利。該卦卦辭是：「謙，亨。君子有終，吉。」初六爻辭是：「謙謙君子，用涉大川，吉。」六二是「鳴謙，貞吉。」九三是「勞謙，君子有終，吉」。六四是「無不利，撝謙」。六五是「不富以其鄰，利用侵伐，無不利」，上六是「鳴謙，利用行師征邑國」。這裡強調謙德，但同時也認為要以明智（鳴）、勤勞（勞）、奮勇（撝）等為條件。《易經》也很重視節約，節卦卦爻辭認為，如果能安於節儉的生活，以節儉為樂，就吉利；反之，就要倒霉。另外，《易經》中還有隱遁思想，如蠱卦上九爻辭是「不事王侯，高尚其事」，以不做官為高尚。又如遯卦主要談隱遁，認為君子在一定情況下隱遁起來，會有吉利的結果。這些原則對中國文化及哲學都產生了很大影響。

以上我們從幾個方面分析了卦爻辭的內容。若將卦爻辭與卜辭相比，可以發現在任何一方面，卦爻辭都較卜辭更整齊、全面和進步。如卜辭只有吉、凶兩種結果，吉凶不能轉化，但卦爻辭則認為經過人為的努力，吉凶可以互相轉化，表明卦爻辭雖仍崇拜天神，但同時也認識到了人的作用。

關於卦爻辭，還有一個問題需要說明，那就是在卦爻辭和卦爻象之間有沒有邏輯的必然聯繫。過去的經學家認為，二者之間有必然聯繫。這就是說，某一爻後面繫某一辭，不是偶然的。如乾卦初九爻辭是「潛龍勿用」，之所以「潛龍」，與此爻為整個卦中的位置是分不開的。我們知道，乾卦是純陽卦，初九為陽爻，所以爻辭中才提及陽物龍；又因為初九在整個卦中位居最下，類似於潛龍狀態，所以講「潛」。從九二到上九都是如此。由於相信在卦爻象和卦爻辭之間存在必然聯繫，因此，從《易傳》（甚至更早）開始，歷代易學家都致力於說明這種聯繫的性質。他們提出各種體例來解釋，因此在易學史上形成了不同的流派，取象和取義是其大者，而在取象和取義內部，又有不同的派別。但無論是哪一派，都無法圓滿解釋通象、辭之間的內在聯繫。到清代，焦循窮畢生之力來研究卦爻象和卦爻辭之間的關係，他試圖拋開傳統的取象和取義兩說，以卦爻辭為表達吉凶的符號，如同數學中的甲乙丙丁一樣，並無實際內容，雖解決了傳統說法的某些困難，但其解答仍不能使學者滿意。事實上，任何學者對此問題都不可能有一個令人滿意的積極的回答。因為，在卦爻象和卦爻辭之間本來就不存在必然聯繫。

從歷史的角度來看，卦爻辭的素材大部分是以前占筮活動的記錄，即筮辭。那些在過去應驗了的筮辭一般作為依據而保存下來，而卦爻辭即從它們之中選出。因此，有時卦爻辭不只有一次占筮記錄，還有兩次或兩次以上的占筮記錄。這樣，我們就可以瞭解，某卦象或某爻象下面之所以繫上某些辭，與所占筮的事情有關。如坤卦卦辭中之所以有「利牝馬之貞」，是因為在一次有關牝馬的占筮活動中，恰筮得坤卦象，占筮的結果是吉，並在生活中應驗了。於是，《易經》的編者便把這件事編到了坤卦上。可以看出，卦爻象後面繫什麼辭，並無通例或規律可遵循。

當然，後世易學家之所以一味追求卦爻象和卦爻辭之間的邏輯聯繫，除了由於以《易經》為聖人之書外，還與《易經》的編者有關。《易經》的編者有時故意安排卦爻辭和卦爻象間的對應關係，如乾卦龍象從潛龍到飛龍、亢龍，與爻位的從下到上是一致的。又如艮卦從腳趾到頭部，也是從下而上，但是這些只是出於編者的有意安排，在《易經》一書中是很少見的。而且，就是這種安排也不徹底，如乾卦五爻言龍，但九三爻則以君子為主，更何況，大多數情況下，卦爻辭之間及其與卦爻象之間連形式上的聯繫都沒有，所以，有些卦爻辭會重複出現於不同的卦中。如「密雲不雨，自我西郊」既出現於小畜卦辭中，又出現於小過卦六五爻辭中；「輿說輻」既出現於大畜九二爻辭中，又出現於小畜九三爻辭中；「帝乙歸妹」既出現於泰卦六五爻辭中，又出現於歸妹六五爻辭中；「用拯馬壯，吉」同時出現於明夷六二爻辭和渙卦初六爻辭中等。這些文句重複現象是追求卦爻辭和卦爻象之間有邏輯聯繫的學者所不能解決的。

六、《易經》的編纂及其歷史價值

(一)《易經》的編纂

現在的人著書，都會寫上作者的名字，而且一部書的寫成基本上是在同一個時間，但在古代，情形並不是如此。古書的形成，往往都經歷一個過程，與此相關的，也缺少明確的作者觀念。

就《易經》一書來看，古人都認為它有一個很長的形成過程。《漢書·藝文志》的作者班固提出「人更三聖」說，認為《周易》的形成主要經歷了三個階段：第一階段是伏羲氏畫出了八卦卦象，這時還沒有文字；第二階段是周文王把八卦重為六十四卦，而且在每卦每爻後面繫上卦爻辭；第三階段則是孔子作《易傳》，以傳解經。可見，班固所說《周易》是包括了《易經》和《易傳》的，若單就《易經》而論，班固實際上只認為經歷了八卦和六十四卦卦爻辭這樣兩個階段。稍後，東漢的經師又把爻辭的創作權歸於周公旦，所以到了朱熹那裡，就明確把周公旦也納入到了《易經》的作者系列中去了，認為《易經》的部分由伏羲氏、周文王和周公旦共同完成。班固和朱熹的說法，在經學史上有很大影響，但從近現代以來，卻陸續被學者們所否定。問題主要集中在卦爻辭的作者上，因為卦辭和爻辭中講到許多歷史人物和歷史事件，有些出現於文王和周公之後。如晉卦卦辭說：「康侯用錫馬蕃庶，晝日三接」。以前的經師囿於文王作卦辭的舊說，都不以康侯為具體的人，而以之為美侯，或者安定諸侯。而實際上，如顧頡剛先生在《周易卦爻辭中的故事》一文中所指出的，康侯就是周武王之弟，封於衛國，又稱衛康叔或康叔。周初金文中曾多次出現「康侯」一詞，都指衛康叔，可以為證。康叔在武王之後，當然更在文王之後，晉卦卦辭講到他的事跡，這就明確表明卦辭不可能是周文王所作。另外，像明夷卦六五爻辭講「箕子之明夷」，說的是武王滅商以後、紂王的諸父箕子的故事，同樣也是在文王以後。這都說明《易經》的卦爻辭不可能是文王或者周公的作品。

過去儒家學者把《易經》的作者歸於伏羲氏和文王、周公等古代聖王，目的在於把《易經》這書神聖化，抬高它的地位。經過現代學者的研究，我們知道這種看法是不正確的。但是，這種看法中也包含了一定的合理因素：第一，它認為《易經》這部書的形成是一個過程，卦辭、爻辭可能不是一人所作，這符合歷史實際。第二，它認為卦辭和爻辭作於殷周之際或周初，距事實也不太遠，因為經現代大多數學者的研究，發現卦爻辭中所提到的歷史人物及事件，其下限沒有晚於西周初期的，這表明卦爻辭在西周初期或前期即已作成。

《易經》一書從內容上講，包括卦象、卦名、卦辭和爻辭等幾個部分。從形成的先後來說，是先有八卦卦象，再有六十四卦卦象，然後在每一卦每一爻後面繫上卦爻辭，以說明卦象的意義，卦名則最後主要從卦爻辭中抽出，以便於指稱某卦。從歷史記載來看，周人發明占筮的時候，只有八卦卦象，而當時的筮人便依據占筮所獲得的卦象來判斷所占問事情的吉凶。

但是只靠八種卦象來占筮，所占問的事情及結果都有很大的局限性，缺少變化，不能滿足人們的多方面需要。意識到了八卦的不足，便有了六十四卦的出現。從八卦到六十四卦，是《周易》編纂史上的一個重大事件。與八卦相比，六十四卦可以包含更多的事物，並增加了結果的可變性。

現在我們來看一下卦辭和爻辭的來歷。《周易》最初從八卦演變為六十四卦之時，並沒有卦辭和爻辭，即使有，也不是固定的。為了供占筮人方便地說明吉凶，便需要在每一卦、每一爻後面都繫上一定的文字。這是一項很複雜的工作。首先面臨的一個問題是：在全部六十四卦及三百八十四爻中，哪些卦和爻為吉，哪些卦和爻為凶，哪些卦和爻是先凶後吉等。

根據在哪裡，我們現在不是很清楚，或許與多年的占筮實踐有關。其次，現在我們看到的卦爻辭是哪裡來的呢？從歷史記載來看，主要是從卜辭和筮辭中挑選出來的。每一次卜筮之後，卜筮人都要將所得的兆象和占斷的辭句記錄下來，置於府庫收藏起來。到年終時，再將一年中積累的卜辭和筮辭加以統計、整理，檢查一下有多少應驗了，有多少沒有應驗。然後把已經應驗的選出來，作為下一次占筮的依據。可以肯定，《易經》的卦爻辭基本上就是從已經應驗了的卜辭和筮辭中挑選出來的。

我們可以舉兩個例子來說明這一點。如歸妹卦六五爻辭云：「帝乙歸妹，其君之袂不如其娣之袂良。月幾望，吉。」「帝乙歸妹，」是說殷帝乙把女兒嫁給周文王，「其君之袂不如其娣之袂良」，是說妹妹的嫁妝比姐姐的要好。當時，周人大概對此事進行了占筮，並筮得此爻，結果是吉，而且後來應驗了。於是，後來《周易》的編者就把這條筮辭編進去了。另外，有時在一條爻辭中，會涉及兩件不同的事，如師卦六五爻辭是：「田有禽，利執言，無咎。長子帥師，弟子輿尸，貞凶。」這裡「無咎」以上，講的是一件事情，是一次占辭。「長子」以下，講另外一件事情，應是另一次的占辭。可能以前占筮人在筮得師卦六五爻時，有「無咎」和「凶」兩種結果，而且都應驗了，因此，被編入爻辭中。又如小畜卦上九爻辭為「既雨既處，尚德載，婦貞厲。月幾望，君子征凶。」這裡有「厲」和「凶」兩種判斷吉凶的詞，表明是兩次占筮活動的記錄。

可以說，《易經》卦爻辭的素材基本上是來源於以前的筮辭，這大概沒有什麼問題。但是，在從原來的筮辭轉變為卦爻辭的過程中，也經過了很多的編排和文字加工。因此，《易經》中有許多卦爻辭都非常整齊，更有些為有韻之文，與《詩經》類似。我們先來看一下乾卦六爻爻辭：「初九，潛龍勿用。九二，見龍在田，利見大人。九三，君子終日乾乾，夕惕若，厲，無咎。九四，或躍在淵，無咎。九五，飛龍在天，利見大人。上九，亢龍有悔。」這裡從初九到上九，描述龍由潛伏、在田、躍試、在天，到跌下的運動變化過程，構成一個包含豐富意義的整體。乾卦六爻爻辭顯然並不是筮辭的堆砌，而是有一個中心觀念，有一定的哲理，體現了編者的努力。又如艮卦各爻爻辭是：「初六，艮其趾，無咎。利永貞。六二，艮其腓，不拯其隨，其心不快。九三，艮其限，列其夤，厲，薰心。六四，艮其身，無咎。六五，艮其輔，言有序，悔亡。上九，敦艮，吉。」從初六到上九，依次講保護人的腳趾、腿肚、腰部、胸腹部、臉部、額部，由下而上，非常有序，如果不是編者的有意安排，是做不到這一點的。又如漸卦以水鳥為主體，從初六到上九，依次講鴻漸於干、磐、陸、木、陵、陸等，表現水鳥從山澗、涯岸、高平之地、樹林到山嶺、大山的運動過程。這顯然也出於編者的有意加工。《易經》各卦中，除乾、艮、漸三卦外，還有一些卦如剝、復、臨、明夷、兑、觀、井、坎、震等的各爻辭之間，也有一定的聯繫，也可看出編者的努力。

《易經》的卦爻辭，由於經過了編者的刻意加工，因而有些筮辭看起來很有系統、各爻辭之間有內在的邏輯關係，而且似乎和卦象之間有對應關係。與卜辭相比，無論是從語言形式上，還是從思想內容上，都有了很大的進步，表現出人類智慧的發展。但是，從整體上來看，《易經》的卦爻辭主要還是筮辭的堆砌，大部分卦的各爻辭之間以及各卦之間都缺乏，甚至沒有邏輯的聯繫。之所以是這種情形，主要因為《易經》只是一部占筮用的工具書，而不是一部像《詩經》那樣的文學作品，或者專門的史書、哲學著作等。

以上我們說明，《易經》卦爻辭的來源非常複雜，後來被人編纂在一起。編者並不是周文王或周公等，而很可能是西周時期的一個或一些卜史。卜史在周代是負責占筮的官吏，《周禮》講太卜「掌三易之法」，《左傳》中記載卜筮活動的大多與卜史有關。卜史每次卜筮之後都要將結果記錄下來，看看他們是否靈驗，因此，他們有條件掌握很多的占筮記錄，可以從中選擇。另外，他們對歷史都很了解，是當時最有知識的人，因而能夠總結歷史經驗、生活經驗，編入卦爻辭中，使得卦爻辭中表現出許多人道教訓。

㈡《易經》的歷史價值

《易經》一書在歷史上的價值是多方面的，圍繞其內容，這裡僅談以下幾點：

第一，《易經》是第一部占筮之書，用《易經》算命，雖然不是科學的預測，但由它對吉凶等的說明，可以在一定程度上解除人們心中的疑惑，給人以精神上的慰藉。

《易經》並不是一部一般的迷信著作，與龜卜相比，它突出了人為因素的作用，如就占筮而言，不僅揲蓍成卦的過程需要一定的數學計算知識，而且，用卦象及卦爻辭來說明吉凶更需要具有類推的能力。我們知道，《易經》的內容都是固定、具體的，如某一卦、某一爻後面都繫有固定的卦爻辭，不能變更。本章前面曾講到，卦、爻辭大部來源於以前占筮的記錄，因此，從卦爻辭來看，它只是先於某一事情吉凶的判斷，如坤卦的卦辭「利牝馬之貞」，起初就只是一次貞問牝馬吉凶的占筮活動之記錄。但是，在運用《易經》進行占筮活動時，所要占筮的內容卻是多方面的，因此，在絕大多數條件下，所要占筮的事情和卦爻辭所記的事情是不會相同的，但為了說明吉凶，筮者就必須在二者之間建立一種類比的聯繫，由此事之吉凶推出彼事之吉凶。這種推理當然是不科學的，因為只有在同類的事物之間才可以進行推理，但是在占筮活動中真正遇到同類事物的情況很少，而且即使偶然遇到了同類的事物，由於其他條件的不同，也未必就存在可以類推的關係。所以，基本上，用《易經》算命都會流於聯想和附會。

但是，占筮仍然有其積極的作用。人們之所以去占筮，並相信占筮，乃是因為對某些事情的成敗吉凶等沒有把握，心有疑惑。而通過用《易經》占筮，通過《易經》對吉凶的說明，人們可以首先在心理上感到穩定與滿足，對要發生的事情有了較充分的準備。另外，特別是在發生不幸的事情時，通過占筮也可以獲得心理安慰，或者恢復信心，或者安於命運，幫助穩定人們的情緒，或者用一句古話說，《易經》可以幫助人們安身立命。

第二，《易經》所涉及的領域非常廣，從自然、社會到人生，無所不包，其中有很多生活智慧，對人們有啟發指導作用。如坤卦六二爻辭說：「履霜，堅冰至」，是對自然現象的認識，並藉以說明人事。豫卦六二爻辭說：「介於石，不終日」，介是堅硬之義，這是說堅硬得像石頭一樣的東西，是不會長久的。另外，《易經》對謙、節等德行都很贊賞，認為謙虛及節儉對人、對國家都有利，無疑是生活經驗的總結。

值得指出的是，在《易經》的生活智慧中，充滿了憂患意識。在很多情況下，《易經》都要求人們小心翼翼、謹慎警惕，如乾卦九三爻辭說：「君子終日乾乾，夕惕若、厲，無咎」，認為即使有危險或困難情況，君子只要憂思戒懼，就可以無咎。需卦上六爻辭說：「入於穴，有不速之客三人來，敬之，終吉」認為對不速之客，以恭敬、禮節相待，就會有好結果。又如履卦九四爻辭說：「履虎尾，愬愬。終吉。」這是說踩到了老虎尾巴，如果小心戒懼的話，會有好結果。以上主要是說在不利的情況下，如有憂患意識，可以轉危為安。《易經》卦爻辭中有些地方還講到，如沒有憂患感的話，則容易出現凶的情況。如家人卦九三爻辭就說：「家人嗃嗃，悔，厲，吉，婦子嘻嘻，終吝。」這裡前半段講由悔可以化厲為吉，而嘻嘻則可以導致最終不利的情形。

第三，《易經》中已經具備了邏輯思維、辯證思維的萌芽。《易經》作者之所以具有憂患意識，從根源上講，是對於辯證思維有了一定的把握。這主要是指《易經》對於世界上的對立現象以及對立物之間互相轉化有了一定的認識。泰卦九三爻辭說：「無平不陂，無往不復，艱貞無咎。」平與陂、往與復是兩組對立面，它們之間可以互相轉化，正是了解到此點，才在後面提出「艱貞無咎」這一命題。《易經》中的對立轉化思想很豐富，我們前面曾有論述。

所謂《易經》中邏輯思維的萌芽，主要是說，在《易經》的卦象和卦序中，體現著對立面的排列組合的思想。從卦象上來看，由陰陽二爻，經過三重疊，只能得出八種卦象，八卦兩兩相重也只能有六十四種卦象。可以看出，八卦和六十四卦的構成根據的是演繹邏輯思維的法則。就卦序來說，六十四卦的排列體現了「兩兩相偶，非覆即變」的法則，這也是承認卦象存在著對立面，由對立面所構成。《易經》中的邏輯思維和辯證思維給後來哲學的產生與發展以很大影響。

第四，《易經》是中國古代哲學的一個源頭。《易經》雖然是一部卜筮之書，但是，由於其中包含了大量理性思維的內容如生活智慧、辯證思維等，因而成了中國哲學的一個重要思想來源。從春秋時候起，很多人就開始從哲理的角度解釋《易經》。如《左傳》襄公九年記載穆姜解釋《易經》中的「元亨利貞」說：「元，體之長也；亨，嘉之會也；利，義之和也；貞，事之幹也。」顯然是立足於哲理化的立場。這是解釋卦爻辭的一例。就對卦象的解釋來看，《左傳》昭公三十九年記載史墨說：「雷乘乾曰大壯☳☰，天之道也」，可以看做是進行哲理說明的一例。這以後，《易經》的思想對於最早的哲學家老子和孔子都有很大影響。特別是古代重要哲學著作《易傳》，以解釋《易經》的形式出現，更可以說明《易經》對於哲學發生和發展的重大作用。

第二章　易傳

一、《易傳》形成的年代和性質

《易傳》本是注釋和闡發《周易》的著作的通稱。《漢書·藝文志》中曾記載有多種「易傳」，一九七三年湖南長沙馬王堆漢墓中也出土有帛書《易傳》數篇。不過，本書所說的《易傳》，則有其特定之含義。它共包括七種十篇，計有《彖傳》上下篇、《象傳》上下篇、《文言傳》、《繫辭傳》上下篇、《說卦傳》、《序卦傳》及《雜卦傳》。這十篇著作自漢代起，又被稱為「十翼」。「翼」為輔助之意，說明它們是幫助人們理解《周易》經文的。

關於《易傳》形成的年代與作者，從司馬遷起，傳統的看法都以為它們是孔子所作。一直到北宋的歐陽修，才開始對《繫辭傳》等的作者提出疑問。後來，清代及近現代的學者繼續探討此問題，基本上否定了傳統的看法，並提出了許多不同的主張。我們認為，《易傳》七種十篇形成的年代可能不一，並非出於一人一時之手，對每一傳當做具體分析。另外，每一傳內容或素材的寫作年代與該傳編成年代也還有差異，這應引起我們的注意。

《易傳》諸篇中，《彖傳》排在最前，學者一般也認為它形成最早。《彖傳》隨經文分上下篇，解釋《易經》六十四卦的卦象、卦名和卦辭。關於「彖」之名義，漢代經師曾釋為

「斷」，指斷定一卦的基本含義。實際上，如前章所述，唐以前卦辭即稱「彖辭」，《彖傳》是解釋卦辭《彖傳》的，故而得名。關於《彖傳》形成的年代，並無直接的史料可以證明，所以也有不同的說法。在先秦的文獻中，我們只發現《荀子·大略篇》的一段文字與《彖傳》有關。《大略篇》說：

「易之咸，見夫婦。夫婦之道不可不正也，君臣父子之本也。咸，感也。以高下下，以男下女，柔上而剛下，聘士之義，親迎之道，重始也。」

此與《彖傳》對咸卦的解釋，大同小異。荀子文稍稍略去了一些文字。據此認為《彖傳》的下限，應在荀子以前，是可以成立的。關於其下限，根據它用剛柔等解易來看，明顯受了道家的影響，定出於戰國時期。進一步來看，《彖傳》在「時中」等觀念上受到了孟子的影響，其形成當在孟子之後。因此，《彖傳》可以定為孟子與荀子之間，即戰國中期以後，末期以前的作品。

與《彖傳》一樣，《象傳》也隨經文分成上下二篇，它解釋的是六十四卦的卦象、卦辭和爻辭。《象傳》分《大象》與《小象》兩個部分，前者解釋卦象和卦義，後者解釋爻象和爻辭。此傳之得名，可能由於它講卦義以卦象及爻象為主，同時又主張取象說，以八卦為天地風雷水火山澤八種自然現象。關於《象傳》的形成年代，高亨先生《周易大傳今注》提出，《大象》只解六十四卦的卦名和卦義，卻不及卦辭，這當是由於之前《彖傳》已經解釋了卦辭，所以《大象》肯定出於《彖傳》之後，此說正確。另外，《彖傳》只講卦辭，而不及爻辭，《小象》則補注以爻辭，並採爻位說，也是《彖》出於《象》後的證據。從文句上說，《象傳》有很多是發揮《彖傳》的主張。如《彖傳》解釋坤卦說：「坤厚載物，德合無疆」，《大象》則說：「地勢坤，君子以厚德載物。」便是一例。關於《象傳》的下限，《禮記·深衣》曾引述坤卦六二爻《小象》之文「六二之動，直以方也」，《中庸》裡「博厚所以載物也，高明所以覆物也」等說法，與《彖傳》說法類似。《深衣》、《中庸》大約都是秦漢代之際作品，依此，《象傳》的下限，當在秦漢之際以前。因此，《象傳》也是戰國後期的作品。

和《彖傳》、《象傳》不同，《文言傳》只解釋乾坤兩卦的卦爻辭。有人以為《文言傳》本來全部解釋了六十四卦的卦爻辭，因其餘部分都遺失了，只餘下了目前看到的乾坤兩卦，但沒有充分證據。《文言》之得名，或許是它以文字記載前人的言論之故。從文字上看，《文言傳》當是經師講解乾坤兩卦的記錄。其中的「子曰」，不是孔子語，而是經師之言，或者假託孔子之語。它對乾卦六爻的解釋，共有三大段，大同小異，應是不同弟子的記錄。因此，《文言傳》雖短，卻並不出於一人之手，可能是後人編輯而成。從內容上看，《文言傳》受了《彖》《象》二傳的影響，當在它們之後。但其形成也不會太晚，《呂氏春秋·應同》中一段文字與它類似，《文言傳》的下限在《呂氏春秋》以前。

《彖傳》、《象傳》、《文言傳》有一個共同的特點，即都是逐字逐句解釋經文。《繫辭傳》則不同。其中雖然也有對部分卦爻辭意義的說明，但並不繫統。它基本上是通論《周易》和筮法之大義，所以又稱《易大傳》。就「繫辭」之名義而言，可區分出兩種：一指繫於卦爻象之下，如《繫辭傳》所説「繫辭焉以斷其吉凶」，即指卦爻辭；一指繫於《周易》經文之後，即指《繫辭傳》。《繫辭傳》之得名可能是因為它主要依據卦爻辭來通論《周易》大義。該傳也分上下篇，歷史上很受學者的重視。本世紀七十年代湖南長沙馬王堆漢墓中出土帛書有《繫辭》，其內容與今本《繫辭》大同小異。這説明《繫辭》到今本《繫辭》有一個形成過程。

從今本《繫辭傳》的文字來説，有重覆、有錯簡，上下文之間聯繫也比較鬆散。所以，歐陽修最初就懷疑此傳非孔子所作。看來，《繫辭傳》非出於一時一人之手，可能是陸續編纂而成的。其最後編定年代也許在漢代初年。當然其主體部分出現會較早。《禮記·樂記》中有一段文子：「天尊地卑，君臣定矣。卑高以陳，貴賤位矣。動靜有常，小大殊矣。方以類聚，物以群分，則性命不同矣…」，明顯是抄錄了《繫辭傳》的首章而略作改動。《樂記》作於漢武帝時期。又陸賈在《新語》中曾補《繫辭傳》文字，加上藏有帛書《繫辭》的漢墓是漢文帝時期的，可推斷其主體部分出於秦漢之際以前。另外，《繫辭傳》的內容，有受《彖》、《象》二傳及《莊子》等的影響之處，當在它們之後。這樣，《繫辭傳》的大部分內容，差不多是戰國後期到末年出現的。

《説卦傳》主要解釋八卦的卦象與卦義。其關於八卦所代表物象的説明，應與春秋戰國時的筮法有關。該傳前面講八卦的形成和性質，以八卦象徵八種自然現象，並配以八個方位。後部分則解釋卦象與卦義。帛書本《繫辭》中有今本《說卦傳》的前三章。另外，帛書本《周易》六十四卦的排列順序與《說卦傳》中的乾坤父母說一致。可見，它應是漢初就已存在的文獻。另外，從其中有「道德」、「性命」等詞來看，其上限不會早於戰國中期。該傳可能也是戰國後期的作品。

《序卦傳》是解釋通行本六十四卦的排列順序的。其對卦名的解釋，大都主取義說，又多採《彖》、《象》二傳之義，當出於它們之後。《淮南子·繆稱訓》曾引《序卦》文「剝之不可遂盡也，故受之以復」，並稱「易曰」，其下限可定在《淮南子》之前。

最後是《雜卦傳》。它根據卦名，解說六十四卦為三十二個對立面。因其不依卦序，廣採卦名相反之義，故名為雜。《雜卦傳》的出現，較其他傳都要晚，也許是漢代人的作品。

以上關於《易傳》七種十篇形成年代的說明，同時也就包含了對其作者的理解。司馬遷著《史記》，以《易傳》大部分為孔子所作，顯然無法成立。孔子於晚年研習《周易》，《史記》、《漢書》也都記有他傳易之事。《易傳》應是戰國中期以後傳易的經師與弟子所作。其中既接受了孔子的部分思想，也受到了當時流行的哲學思潮如道家、陰陽家等學說的影響。

《易傳》是解釋《易經》的，上一章說，《易經》本是占筮之書、算卦之書，那麼，《易傳》是部什麼書呢?我們說，它不是算卦之書，而是一部哲學著作。《易傳》受《易經》的影響與限制，也講占筮與筮法，但把它理論化了。它是通過對占筮的解釋表達其對宇宙、社會及人生的看法。《易傳》中的大部分文字都可以從占筮與哲學兩個方面去理解，所以說它有兩套語言：占筮語言和哲學語言。大部分的時候，這兩套語言是合在一起的。在占筮的舊形式下包含哲學的內容。我們看待《易傳》，應該了解它是對《易經》的解釋，了解其占筮語言，但更重要的，應該了解占筮語言背後的哲理，因為這才是《易傳》真正要表達的東西。

二、《易傳》對《周易》一書的理解

《周易》本是占筮之書，但從春秋時候起，就有人開始從哲理化的方向理解它，表現為不用其占筮，而直接依據卦爻辭或卦象闡明天道及人事教訓等。《易傳》的作者循此方向作了進一步的發展。如《彖》、《象》二傳雖未直接論及《周易》，但從其對卦辭、卦義的解釋看，明顯不以《周易》為占筮之書，而認它為推天道以明人事的著作。後來，《繫辭》與《説卦》進一步論述了《周易》一書的性質。我們先看一下《説卦》的一段文字：

> 昔者聖人之作易也，將以順性命之理。是以立天之道曰陰與陽，立地之道曰柔與剛，立人之道曰仁與義。兼三才而兩之，故易六畫而成章。

依此説法，《周易》之作，乃是為了説明性命之理，是「和順於道德而理於義，窮理盡性以至於命」。「道德」指事物之根源與性質，「義」即宜，事物皆有其所宜。《說卦傳》認為，一卦由六爻構成，不是偶然的，它象徵的是天、地、人三才之道。天道為陰陽，地道為柔剛，人道為仁義。據此，則《周易》包括了宇宙間一切事物的根本道理。這層意思，《繫辭傳》中已有體現。該傳中說：

> 易之爲書也，廣大悉備，有天道焉，有人道焉，有地道焉，兼三才而兩之故六。六者非它也，三才之道也。

此以《周易》一書包括天道、地道和人道。從卦象上講，上爻和五爻為天，四爻和三爻為人，二爻和初爻為地，人位居天地之中。這也是神化《周易》為包容天人之道的典籍。

《繫辭傳》關於《周易》一書的內容，還有許多具體的論述。如它說：

> 易有聖人之道四焉：以言者尚其辭，以動者尚其變，以制器者尚其象，以卜筮者尚其占。是以君子將有爲也，將有行也，問焉而以言，其受命也如響。無有遠近幽深，遂知來物。非天下之至精，其孰能與於此。

這是說《周易》一書具有多方面的價值與用途。此處舉出四種：卦爻辭可以作為言論的依據，卦爻的變化可作行動的指南；卦象可作制造器物的模型；整個書籍也可作為預測吉凶的工具。依此說法，《周易》乃是人類各種行為的依據，而卜筮不過是其中之一種用途。這就大大淡化了《周易》作為占筮之書的本來面目。《繫辭》又說：

> 夫易，聖人之所以極深而研幾也。唯深也，故能通天下之志；唯幾也，故能成天下之務；唯神也，故不疾而速，不行而至。

這是說，《周易》是一部聖人窮究事物深邃的道理，探索事物變化徵兆的著作。聖人根據《周易》，便可通曉天下人的志向，成就天下之事業。此又是以《周易》為聖人探求事物變化之規律與方向，可用以治理天下，教化百姓之書。

關於《周易》興起的時間，《繫辭》認為是中古，即殷、周之際。此時正值社會劇烈變動，天命轉移，政權更替。所以，《繫辭》以《周易》充滿了憂患意識，它說：

> 易之興也，其於中古乎！作易者，其有憂患乎！是故履，德之基也。謙，德之柄也。復，德之本也。恆，德之固也。損，德之修也。益，德之裕也。困，德之辨也。井，德之地也。巽，德之制也。

此從道德修養的角度解釋《周易》中九卦的含義。《繫辭傳》認為，作易者因有憂患，故特別強調個人道德修養，以使人免受傷害。它還說：

易之興也，其當殷之末世、周之盛德邪！當文王與紂之事邪！是故其辭危，危者使平，易者使傾。其道甚大，百物不廢，懼以終始，其要無咎。此之謂易之道也。

這裡認為，《周易》興於殷周之際。其時文王曾被紂拘於羑里，後方得逃脫，因此卦爻辭中多危言，使人聽而警懼，於危險中也可保平安。相反，如果卦爻辭平易，人則會因僥倖而敗亡。《繫辭》認為，《周易》一書的一個根本道理便是如何使人無咎，而其關鍵就在於「懼以終始」，即謹慎於事情的開頭與結尾，並加強德行之修養。

關於《周易》的性質與作用，《繫辭傳》還說：

夫易何爲者也？夫易開物成務，冒天下之道，如斯而已者也。是故聖人以通天下之志，以定天下之業，以斷天下之疑。是故蓍之德圓而神，卦之德方以知，六爻之義易以貢，聖人以此洗心退藏於密，吉凶與民同患。

此中「開物」即「通天下之志」，指心而言。「成務」指「定天下之業」，即成就天下之事。《繫辭傳》認為，《周易》一書包括了天下之道，聖人用它可以了解天下人的志願，成就天下之事業，與百姓共甘苦。這也是以《周易》為聖人據以經世之書。

用《周易》占筮，即據卦象及卦義辭等斷定吉凶，從形式上講，是由已知推出未知，《繫辭傳》據以發揮說：

夫易彰往而察來，而微顯闡幽，開而當名、辨物，正言，斷辭，則備矣。其稱名也小，其取類也大。其旨遠，其辭文。其言曲而中，其事肆而隱。因貳以濟民行，以明失得之報。

此是以《周易》的功用為「彰往而察來」，即彰明過去的事跡，據以考察未來的變化，其預測的機制便是類推。即以卦爻辭等為符號，為一類之象徵，在此基礎上就可進行推理。

總而言之，《易傳》是把《周易》理解成一部包含了天、地、人三材之道，小可據以修身，大可用以治國的著作。這是對春秋以來從哲理角度解釋《周易》之傾向的發展與總結。

關於作為《周易》基本內容的八卦和六十四卦的邏輯結構，《易經》也在筮法的基礎上作了解釋。它首先認為，構成八卦與六十四卦基礎的是數的變化，前章引《繫辭傳》「大衍之數」一文對此已有說明，《說卦傳》也說：

昔者聖人之作易也，幽贊於神明而生蓍，參天兩地而倚數，觀變於陰陽而立卦，發揮於剛柔而生爻。

「蓍」即蓍草；「參天兩地」指天數為三為奇，地數為二為偶。奇數為陽，其象為一；偶數為陰，其象為--。可以看出，這是把卦爻象的基礎看成是天地之數，並分其為陰陽或剛柔兩個方面。《繫辭傳》也講述此義，說「參伍以變，錯綜其數。通其變，遂成天地之文。極其數，遂定天下之象」。它並進一步將此以數定象的過程邏輯化，《繫辭傳》說：

是故易有太極，是生兩儀，兩儀生四象，四象生八卦，八卦定吉凶，吉凶生大業。

這一段與「大衍之數」章有聯繫，是對揲蓍成卦過程的理論說明。從筮法上說，「太極」指五十或四十九根蓍草來分的狀態，「兩儀」指蓍草分而為二，「四象」指揲之以四或六、七、八、九。此是以太極為八卦及六十四卦的根源，從太極到八卦是一個演化的過程。另外，也有人以奇偶二畫為兩儀，此二畫二重疊為四象，三重疊為八卦，此說也可通。《繫辭傳》此段話雖然講筮法，但將其理論化了。後人從中得到啟發，提出了一套宇宙形成的理論。

前面是講八卦的形成，從數字上來看，是一分為二、二分為四、四分為八。《易經》

進一步提出由八卦兩兩相重而得六十四卦。《說卦傳》說：「兼三材而兩之，故易六畫而成章」，此以八卦三畫代表三材，「兩之」即重疊之義，從而得六畫之六十四卦。《繫辭傳》也有同樣的看法，它說：

是故四營而成易，十有八變而成卦，八卦而小成，引而申之，觸類而長之，天下之能事畢矣。

此以八卦為小成。「引而申之」，即將八卦推演為六十四卦，如何推演？《繫辭傳》又說：

八卦成列，象在其中矣；因而重之，爻在其中矣。

因八卦之象而相重，便得六十四卦。有了六十四卦，才有所謂六爻。此是《易傳》對六十四卦構成的理解。

三、《易傳》的解經體例

《易傳》解釋《周易》各部分內容，有其一定的方式或特點，這便是所謂解經體例。《易傳》各篇的解經體例並不完全一致，現依據古今學者研究的成果，撮述如下。

《易傳》之前，春秋時期人們解釋《周易》與後世關係密切者，有取象說與取義說兩種。取象說是以八卦象徵各種物象，再用八卦所象徵的物象，說明重卦的卦象，並以此解說一卦的卦爻辭及卦義。如《左傳．莊公二十二年》記載周史用《周易》為陳侯占筮，遇觀䷓之否䷋，即本卦為觀，之卦為否，觀卦六四爻為變爻。周史在引了觀卦六四辭之後解釋說：

> 坤，土也。巽，風也。乾，天也。風爲天於土上，山也。有山之材，而照之以天光，於是乎居土上，故曰觀國之光，利用賓於王。

觀之下卦為坤☷，上卦為巽☴，否之上卦為乾☰，周史所說「坤，土地」等即釋此。此即以八卦象徵幾種主要自然現象，並據以說明卦爻辭，推斷吉凶。

取義說是以卦名的意義和卦之德行說明重卦卦象，以此解說卦爻辭，推斷吉凶。如「周語．晉語」記載有一個叫司空季子的人以震為動，坎為勞，坤為順，屯為厚，豫為東，即是取義說之代表。此說的特點是認為卦爻辭與卦名、卦德有必然的聯繫。取象說與取義說對《易傳》的解經體例有很大影響。

我們先來看一下《彖傳》，該傳解釋《周易》，一方面繼承和發揮了春秋以來的取象說及取義說，同時又有自己的創造，提出了爻位說。就對重卦卦體的分析來看，《彖傳》從八經卦入手，既講其卦象，也講其卦德。如乾之象有天、君子、上，其德有健、剛、陽；坤之象有地、小人、下，其德有順、柔、陰；震之象有雷，其德有動、剛；巽之象有風、教、木，其德有入、柔、遜；坎之象有水、雨，其德有險、剛；離之象有火、日、電、女，其德有麗、柔、文、明、文明；艮之象有山、男人、賢人，其德有止、剛、篤實；兌之象有澤、女，其德有悅、柔等。這些與《左傳》、《國語》所記載春秋時情形比，內容都更為豐富。

《彖傳》解經，往往也由卦名而及卦義。其對卦名的解釋，往往直接從本字出發，發揮其意義。例如它解釋謙卦時說：

> 謙，亨。天道下濟而光明，地道卑而上行。天道虧盈而益謙，地道變盈流謙，鬼神害盈而福謙，人道惡盈而好謙。謙尊而光，卑而不可踰，君子之終也。

此是由卦名謙而論及天、地、人、鬼之道。

《彖傳》解經突出的貢獻，在於提出爻位說。也就是用爻象在全卦象中所處的地位來說明一卦的吉凶。《彖傳》稱陰爻為柔，陽爻為剛，最早開始用剛柔的概念解釋《周易》。如它在解釋泰否兩卦時，稱其中坤☷為柔，乾☰為剛。解釋蒙䷃卦和大有䷍卦時，稱前者九二爻為剛，後者六五爻為柔等。以剛柔說明卦象與爻象，無疑更為抽象。在此基礎上形成的爻位說主要有以下幾點：

(一) 當位說。《彖傳》認為一卦六爻之位置有固定屬性，二四六屬於偶數，為陰位；一三五屬於奇數，為陽位。若陽爻居陽位或陰爻居陰位，即為當位或得位；反之，若陽爻居陰位或陰爻居陽位，則為不當位或失位。一般而言，當位吉，不當位凶。《彖傳》認為《周易》有些情況下講的吉凶，即屬此類。如既濟卦䷾，六爻皆當位，故《彖傳》說」「利貞，剛柔正而位當也」。以此解釋卦辭「利貞」，而歸妹卦䷵，中間四爻都不當位，所以《彖傳》說：「徵凶，位不當也」，以此解釋卦辭「徵凶」。

(二) 應位說。《彖傳》認為，每卦六爻之中，初與四，二與五，三與上，位置相應。它們之間，若一為陰一為陽，則為有應；若同為陰或同為陽，則為無應。一般而言，有應吉，無應凶。應位說是對當位說的補充。如未濟卦䷿，六爻皆不當位，但卦辭說「亨」。《彖傳》解釋說：「雖不當位，剛柔應也」，即初與四、二與五、三與上之間都有應。

(三) 中位說。《周易》的二、五爻位，分別處在下卦和上卦的中間，稱為中位。一般情況下，雖不當位，但居中位也吉。如噬嗑卦䷔，其六五爻並不當位，但其位居上卦之中，所以《彖傳》說：「柔得中而上行，雖不當位，利用獄也。」

此外還有趨時說、承乘說、往來說等幾種，可以參見朱伯崑先生所著《易學哲學史》。不難看出，在爻位說中，當位說是基礎，其解釋不通之處，又提出其他說法補充。與取象說及取義說一樣，爻位說也認為卦爻象與卦爻辭之間有必然聯繫。

《象傳》中，《大象》與《小象》解經體例有別。《大象》主要發揮取象說，其解釋人事活動。

兌為澤，所以說「上天下澤」，「履」即卦名，「君子以辨上下，定民志」則是從中引出的卦☰☱說：「上天下澤，履，君子以辨上下，定民志」。上卦為乾、乾為天，下卦為兌，《易經》有一固定方式，即先分析重卦卦象，然後點出卦名，最後講人道教訓。如它解釋履

由於八卦的基本物象都為自然現象，所以《大象傳》的解釋，都表現為前句講自然現象，後句講人事活動，可以說是以自然現象比附人事活動，企圖把天道與人道統一起來。此種形式，對後世有很大影響。另外，《大象》解經，還有一特點，即不說明卦辭中的吉凶，只是依據卦象與卦名，講人在社會生活中應遵循之原則等。這可以說是把《周易》倫理化了。

《小象傳》解釋爻辭，基本上依據《彖傳》中的爻位說，同時也用取義說。該傳用陰陽、剛柔、順、從等來解釋爻的德性。它對六爻之位，也提出許多不同說法。如稱初爻為始、下、卑、窮，三、四爻為疑、反覆，上爻為亢、窮、終、盈等。另外，《小象傳》為求文字齊整，在引用爻辭時多有增減字的現象，值得注意。

《文言傳》解經，既發揮了取象說與取義說，如以乾為天，剛健中正，以坤為地，柔順靜方，同時也吸取了爻位說。其中有當位、相應、重剛、天地人位等觀念，如其以五爻為天位，二爻為地位，三爻為人位。《文言傳》解釋卦辭，或逐字考究，或發揮大義。對爻辭的說明，也採取了不同的形式。

《繫辭傳》對《周易》的解釋，不是逐字逐句，而是採取了通論大義的形式。它對卦爻釋及卦爻象的解釋，與《彖傳》類似，採取了取象說、取義說及爻位說。如它說：「天尊地卑，乾坤定矣」，即是以乾為天、以坤為地。「乾，陽物也；坤，陰物也；陰陽合德而剛柔有體」，則是以乾為陽、剛，坤為陰、柔。《繫辭傳》中同樣包含了當位，相應等爻位說中的觀念。另外，此傳對爻象的解釋，也運用了陰陽和剛柔的概念。它還明確提出三才說，分一卦六爻為三：上、五爻為天，四、三爻為人，二、初爻為地。

與其他傳另一個不同的地方是，《繫辭傳》對《周易》筮法作了理論說明。它論述了揲蓍成卦及畫卦的過程，同時解釋了八卦及六十四卦的邏輯結構。它與《說卦傳》一起，強調了「極數定象」的思想，對卦爻象之來源做了有意義的說明。

在對八卦及《周易》的理解上，《說卦傳》提出了許多重要的觀念。它論述了八經卦所代表的八種基本自然物象，即乾為天，坤為地，震為雷，艮為山，坎為水，離為火，兌為澤，巽為風。同時還增加了大量新的物象，如乾除天之外，還為父、君、玉、首、馬、良馬、老馬、瘠馬、駁馬、木果、金、冰、大等等，這大大擴充了八卦取象的範圍。

從取象說出發，《說卦》還對八經卦之間的關係作了論述，提出了乾坤父母說

> 乾，天也，故稱乎父；坤，地也，故稱乎母。震一索而得男，故謂之長男；巽一索而得女，故謂之長女。坎再索而得男，故謂之中男；離再索而得女，故謂之中女。艮三索而

得男；故謂之少男；兑三索而得女，故謂之少女。

自然界中，天地為父母。八卦中，乾坤則為父母。其餘六經卦均由乾坤二卦結合而產生。

《說卦傳》也發揮了取義說，它認為八卦各有其最基本的性質，它們是：

乾，健也；坤，順也；震，動也；巽，入也；坎，陷也；離，麗也；艮，止也；兑，說也。

這基本上是對以前說法的概括或總結。

《說卦傳》還把八卦與時間、空間相配合，它以震卦為東，此時萬物出生；巽為東南；離為南，此時萬物生長旺盛；坤為西南；兑為西，此時萬物成熟；乾為西北；坎為北，此時萬物閉藏；艮為東北。其中提到兑為正秋，依此推理，則震為春、離為夏、坎為冬。《說卦傳》此說對漢代易學有很大影響。

四、《易傳》的哲理與智慧

《易傳》是一部哲學著作，它通過對《周易》及筮法的解釋，論述了《周易》的基本原理，並進而探討了世界本原，宇宙秩序以及事物的本性及其變易法則，表現了多方面哲理與智慧。我們可以從如下幾個方面來說明：

一、以陰陽觀念解易，提出「一陰一陽之謂道」。

春秋時期人們解釋《周易》，還未使用陰陽觀念，到了戰國時期，道家、陰陽家等重視陰陽學說，使其很快流行。在《易傳》中，《彖傳》最早引入陰陽解釋卦象，以八卦中的乾卦象為陽，坤卦象為陰，但僅見於對泰、否二卦的說明，尚未展開。《小象》以陰陽解易，也只見於乾坤兩卦，如說「潛龍勿用，陽在下也」，「履霜堅冰，陰始凝也」，似以陰、陽指- -與一。《文言傳》也使用了陰陽觀念，但真正全面依其解釋《周易》的，還是《繫辭傳》。

《繫辭傳》依據陰陽說，對卦象及爻象作了繫統說明。它把作為六十四卦基礎的八卦分為四組對立的陰陽卦。《繫辭》說：「陽卦多陰，陰卦多陽，其故何也？陽卦奇，陰卦偶。其德行何也？陽一君而二民，君子之道也。陰二君而一民，小人之道也」。這是對震、艮、坎、離、兌、巽六卦的說明。此六卦由陰陽爻經三重疊組成，或兩陽爻一陰爻，或兩陰爻一陽爻，前者為陰卦，如巽☴、離☲、兌☱；後者為陽卦，如震☳、坎☵、艮☶。這樣，此六卦便構成了三對陰陽卦。《繫辭》這裡還以奇數為陽，偶數為陰。關於乾坤兩卦，《繫辭傳》也根據陰陽加以解釋：

> 乾坤其易之門邪？乾，陽物也；坤，陰物也，陰陽合德而剛柔有體，以體天地之撰，以

通神明之德。

這是把乾坤二卦作為《周易》的門戶，即其餘眾卦的基礎。從卦象上講，乾坤各爻全部由陽爻或陰爻構成，其他卦則陰陽爻混合，確可以如此理解。《繫辭》以乾為陽，坤為陰，實際上即是把陽與陰當作了《周易》的基礎。「陰陽合德而剛柔有體」，陰陽指乾、坤兩象，剛柔指陰陽爻，陽爻為剛，陰爻為柔。乾坤兩卦結合才會使陰陽爻以一定的方式混合在一卦中，以成就六十四卦。《繫辭傳》認為，這就好比是天地結合產生萬物一樣。《繫辭傳》還進一步具體解釋了乾坤兩卦的性質與作用，這實際上也是對陰與陽不同性質的認識。它說：

> 乾道成男，坤道成女。乾知太始，坤作成物。乾以易知，坤以簡能。易則易知，簡則易從。易知則有親，易從則有功。

這段話的意思是，乾的性質為男，坤的性質為女。乾始生萬物，坤畜養，成就萬物。乾之德行為易，坤之德行為簡。所以乾坤容易被人理解和順從，受人親近，且有功績。這段話也是有筮法作根據的。從卦象上講，乾坤兩卦如男女，結合則成六十四卦。又其卦象為純陽或純陰，非常簡單，便於記憶，但卻是其他卦的基礎。此即男女、始成、易簡之義。

在此基礎上，《繫辭傳》進一步論述乾坤兩卦的性質，以乾為至健，坤為至順，乾為大生，坤為廣生，並說乾坤「廣大配天地，變通配四時，陰陽之義配日月，易簡之善為至德」。這裡值得注意的是將乾坤歸結為具有陰陽之義和易簡之德，表明陰陽簡易之理是《周易》的最高原則。因此，《繫辭傳》又說：

> 乾坤其易之縕邪！乾坤成列而易立乎其中矣。乾坤毀則無以見易；易不可見，則乾坤或幾乎息矣。是故形而上者謂之道，形而下者謂之器。

這是說乾坤兩卦象是《周易》的基礎，易道的根源。沒有乾坤，就不會有《周易》，易道也不會體現?《繫辭》此處提出「形而上者謂之道，形而下者謂之器」這一有深刻影響的命題。「形而上」，指有形之上，即無形者；「形而下」，即指有形。「道」即易道，指陰陽變易的法則。「器」，這裡指卦畫和卦象。這是說，卦畫與卦象是有形的，但陰陽變易的法則是無形的，《易傳》非常強調「立象」是為了「盡意」，因此要人們通過形而下的器去認識形而上的道。《繫辭傳》這裡尚未用陰陽直接說明易道，但講乾坤即包含了陰陽的意思。

在另一處，該傳明確提出了「一陰一陽之謂道」的命題，它說：

> 一陰一陽之謂道。繼之者善也，成之者性也。仁者見之謂之仁，知者見之謂之知，百姓

日用而不知，君子之道鮮矣。

這是對易道最集中而明確的表述。所謂「一陰一陽」，是說又陰又陽。只有陰或只有陽都不是道，陰陽結合才有道，這可以說是對「乾坤成列而易立乎其中矣，乾坤毀，則無以見易」的理論概括。《繫辭傳》認為，此法則是根本性的，繼承此便是善，成就它就是性。但一般人往往只看到一方面，即仁者見仁，知者見知，而不能見其全體，普通百姓更是每天運用都渾然不覺。

「一陰一陽之謂道」這一命題，表現出《繫辭傳》作者已有較高的抽象概括能力，具有深刻的哲理。第一，它將《周易》的基本原理，概括為一陰一陽，具有普遍的適用性，從奇偶二數，陰陽二爻到乾坤二卦，都是一陰一陽。六子卦中，震、坎、艮為陽卦，巽、離、兑為陰卦，是一陰一陽。全都六十四卦，可分成三十二個對立面，也是一陰一陽。離開了陰陽對立，便沒有八卦與六十四卦，也就沒有《周易》。此外，從卦爻變化看，陰爻可變成陽爻，陽爻可變成陰爻，本卦可變為之卦，是一陰一陽。一卦之中，爻之上下往來，也是一陰一陽。離開陰陽變易，也就沒有《周易》的變易法則。第二，此命題將事物的性質及其變化的法則概括為一陰一陽。如《繫辭傳》在解釋筮法時所提到的，就有：天陽地陰，日陽月陰，暑陽寒陰，晝陽夜陰，剛陽柔陰，健陽順陰，明陽幽陰，進陽退陰，闢陽闔陰，伸陽屈陰，貴陽賤陰，男陽女陰，君陽民陰，君子陽小人陰等。它是試圖用陽陰範疇概括從自然界到人類社會的一切對立現象。同時認為這些對立現象之間可以互相變化，如日往則月來，月往則日來；寒往則暑來，暑往則寒來等，人之處境地位也可變化。這些變化也都是一陽一陰。第三，從理論思維上講，此命題也包含有每一事物都有陰陽兩方面並相依存的觀念。這就要求人們在觀察事物時，既要看到陽的一面，又要看到陰的一面，做到仁智互見。這是一種比較全面的觀點，包含了對立統一思維的因素。

總之，《易傳》從用陰陽觀念解易，到提出「一陰一陽之謂道」，在陰陽學說的發展史上，也是一個很大的突破。它把早期比較具體的陰陽觀念，如指寒暖二氣、日月盈虛等，抽象為表述事物之間及事物內部對立性質的範疇。並且把對立面的依存與轉化概括為「一陰一陽」，看成是事物的本性及其變化的規律，這是對先秦以來辨證思維發展的總結。

二、注重變易，提出「剛柔相推而生變化」。

《周易》作為占筮之書，其目的即在於預測事物變化的方向。從筮法上講，也非常強調數字的變化及卦爻象的變化。《易傳》依此，非常重視《周易》的變化內容。《繫辭傳》說：「易之為書也不可遠，為道也屢遷，變動不居，周流六虛，上下無常，剛柔相易，不可為典要，唯變所適。」這是以變為《周易》一書的根本宗旨。此中「六虛」指一卦六爻之位，「上下無常，剛柔相易」指爻象的變化。可知，《易傳》對變易的論述，確是以筮法為基礎。《易傳》對事物變易及其法則的論述，主要有以下幾點：

(一)　剛柔相推，變在其中。

《易傳》使用剛柔概念，主要指陰爻和陽爻即爻象。從卦象上看，各卦之所以不同是由於爻象的變化而造成，所以從《彖傳》開始，就非常重視爻象在六位中上下往來的變化。《繫辭》更以爻的特徵為變動，它說「爻者言乎變者也」，「爻也者效天下之動者也」，「道有變動故曰爻」，多是以爻之義為變動。關於爻象的變化，《繫辭傳》說：

> 八卦成列，象在其中矣。因而重之，爻在其中矣。剛柔相推，變在其中矣。系辭焉而命之，動在其中矣。吉凶悔吝者，生乎動者也。

八卦相重產生六十四卦，於是有六爻。「剛柔相推」，指陰陽爻於六位中相互推移，「變在其中矣」，指卦象便發生變化。下面的文字是說爻辭表明了變動的意義，而吉凶悔吝便生於爻象的變動。《繫辭》又說：

> 聖人設卦觀象，系辭焉而明吉凶。剛柔相推而生變化，是故吉凶者，失得之象也。悔吝者，憂虞之象也。變化者，進退之象也。剛柔者，晝夜之象也。六爻之動，三極之道也。

此處用剛柔比喻晝夜，因為晝夜的變化是相互推移，或一進一退的。就爻象說，陰陽二爻互易，或上行下行。上行為進，下行為退。有互易、進退才有變化，即「剛柔相推而生變化」。因為爻象的變動，所以才有吉凶悔吝等不同的結果。《繫辭傳》認為，剛柔相推，一進一退，也是天地人三才至極之道，即宇宙的普遍法則。

《繫辭傳》常用寒暑、日月的變動來描述變化，如「日月運行，一寒一暑」。它還說：

> 日往則月來，月往則日來，日月相推而明生焉。寒往則暑來，暑往則寒來，寒暑相推而歲成焉。往者屈也，來者信也，屈信相感而利生焉。尺蠖之屈以求伸也。龍蛇之蟄以存身也。精義入神以致用也。利用安身以崇德也。過此以往未之或知也。窮神知化，德之盛也。

這是以事物的變化為往來相推，屈伸相感。《繫辭傳》認為，人能窮盡事物變化的道理，就是最高的德行。

剛柔相推的觀念，雖源於對筮法的解釋，卻也擴大到了自然界及人類生活各方面。從理論思維上講，此是以對立面的推移解釋變化。它認為沒有陰陽對立面，則沒有變易；對立面不相互推移，也沒有變易。這是把對立面相互作用看成是變化的原因。

㈡ 天地盈虛，與時消息。

《易傳》由解釋筮法，而提出變動的世界觀，認為從自然界到人類社會，沒有不變的東西。《易傳》並將事物的變動概括為盈虛、消長、興衰之過程。如《彖傳》解釋豐卦時說：

日中則昃，月盈則食，天地盈虛，與時消息，而況於人乎，況於鬼神乎？

太陽到了正中，就會西斜；月亮盛滿，便會虧食，天地鬼神，都循此消息盈虛的法則。《彖傳》稱此為「天行」即「天道」，以為君子當以此為貴。

消息盈虛，從一個方面看，便是循環往復。《易傳》以「復」為天地之心，即天地的本性，並說「無往不復」。這裡包含著這樣一種認識，事物發展到極端，便會向相反的方向轉化。如《小象》解釋乾卦上九爻辭「亢龍有悔」說：「盈不可久也」，即是此意。《易傳》由此引出一些人道教訓。如《文言傳》認為亢龍之所以有悔，是由於知進而不知退，知存而不知亡，知得而不知衰，聖人當兼知進退存亡兩方面，持守中正，這樣可不至走向反面。《繫辭傳》也闡發此義說：

危者，安其位者也。亡者，得其存者也。亂者，有其治者也。是故君子安而不忘危，存而不忘亡，治而不忘亂，是以身安而國家可保也。

可以看出，《易傳》由於對物極則反法則的認識，故十分注意如何保持自己之地位，以免失去。由此又提出謙的態度，認為天地鬼神都喜歡謙，因此，人若具有謙德，便會有好結果。

但是，《易傳》也認為，當事物發展到窮困的地步時，就應促其變化，以求通順。《繫辭傳》說：「易窮則變，變則通，通則久」，通順之後便可長久，此即「往來不窮謂之通。」

㈢　天地絪縕，萬物化醇。

《易傳》由於對筮法的解釋，進一步論述對立面相吸引是萬物生化的根源。如《彖傳》解釋上坤下乾的泰卦時說：「天地交而萬物通也」，而解釋否卦則說：「天地不交而萬物不通也」。此是以天地交與不交來解釋萬物之通與不通。它又解釋咸卦說：

天地感而萬物化生，聖人感人心而天下和平。觀其所感則天地萬物之情可見矣。

「感」有交通之義，天與地交通，萬物才化生，聖人與百姓之心交通，天下才能和平。《繫辭》進一步將此義概括為「天地絪縕，萬物化醇。男女構精，萬物化生。」以對立面的互相溝通為變化及秩序的依據。《易傳》並認為，相同性質的事物不能溝通，在一起也會發生混亂。這種認識與春秋時期的「和同之辨」有類似之處。但《易傳》與之相比，突出了對立面的相交相濟，無疑在理論思維的發展上更進了一步。

㈣　陰陽不測之謂神。

《易傳》認為，從爻象到事物的變動，都不是雜亂無章的，而是有法則可循，此即是

「道」。《彖傳》說：「天地之道恆久而不已也」，「天地以順動，數日月不過而四時不惑」。《繫辭傳》進一步概括說：

剛柔者，立本者也。變通者，趨時者也。吉凶者，貞勝者也。天地之道，貞觀者也。日月之道，貞明者也。天下之動，貞夫一者也。

天下事物的變動，有其一以貫之的正道，即規律性，這是《繫辭傳》對事物變化的一般認識。另外，《繫辭傳》也認為事物變化有其不可預測的一面，此即「陰陽不測之謂神」。這裡所謂神，不是指天神、鬼神，而是奇妙的意思。《易傳》對變化的認識，一方面承認其規律性，另一方面也承認其不可預測性，顯示出了較高的理論思維能力。

三、以《周易》表現了天地的法則，認為人事當效法天地之道。

《易傳》推崇《周易》，以為其廣大悉備，無所不包。而《周易》之所以能如此，是因其與天地等同。《繫辭傳》說：

易與天地准，故能彌綸天地之道。仰以觀於天文，俯以察於地理，是故知幽明之故。原始反終，故知死生之說。精氣爲物，游魂爲變，是故知鬼神之情狀。

《周易》是聖人仰觀天文、俯察地理的結果，與天地等同（准），所以可以包括天地變化的法則，而不與其違背。《易傳》認為，天地是《周易》一書的依據，同時更是萬物的根源。這就涉及到《易傳》對萬物本原問題的理解，一般而言，它是以天地為萬物的本原。《彖傳》解釋乾坤兩卦時說：

> 大哉乾元，萬物資始，乃統天。雲行雨施，品物流形。大明終始，六位時成，時乘六龍以御天。乾道變化，各正性命，保合大和，乃利貞。首出庶物，萬國咸寧。
>
> 至哉坤元，萬物資生，乃順承天。坤厚載物，德合無疆。含弘光大，品物咸亨。牝馬地類，行地無疆，柔順利貞。

以上之話，既是解釋卦象及筮法，也表達作者對世界的看法。乾卦為六十四卦之始，故稱乾元，依取象說，乾為天，故說統天，萬物指六十四卦。六位指六爻之位。「乾道變化，各正性命」，從哲理上講，是說萬物各因天道之變化，而得到它應有的本性與壽命。「保合大和」句，「保合」指保全，「大和」即太和，指最和諧的狀態。謂萬物若各得其宜，那麼就會處在非常和諧的狀態。

坤卦被稱為坤元，是因為它與乾卦一起，共同構成了六十四卦的基礎。坤卦之象為地，所以說「坤厚載物」，「行地無疆」。萬物也指六十四卦。

從哲學意義上說，《彖傳》對乾坤二卦的解釋涉及到了萬物的本原問題。乾元為萬物資始，坤元為萬物資生，二者作用不同，但缺一不可，需相互配合，才能產生萬物。乾元與坤元可以被理解為天和地，因為這與《易傳》多處表達的以天地為萬物本原的想法是一致的。天地既然是萬物的本原，那麼其性質理所當然就可以成為人們行事的依據。《易傳》處處充滿了推天道而明人事的思想，下面是《彖傳》中的兩個例子：

觀天之神道，而四時不忒，聖人以神道設教，而天下服矣。（《觀》）

天地養萬物，聖人養賢以及萬民。（《頤》）

前半句講天道，後半句講人事，而人事以天道為依據。從此種認識出發，《易傳》要求統治者應根據天地之道來治理國家，《象傳》在解釋泰卦時說：

天地交，泰。后以財成天地之道，輔相天地之宜，以左右民。

后，指君主。財，通裁。財成，即裁節調理。輔相，指輔助。這段話是說，人君依據天地之道，輔助天地生養萬物，以造福統治百姓。《繫辭傳》也說：

古之聰明濬智神武而不殺者夫，是以明於天之道而察於民之故。

這也是說，要弄清天道，並據以處理人事。

《文言傳》在此基礎上進一步提出人應與天道合一：

夫大人者，與天地合其德，與日月合其明，與四時合其序，與鬼神合其吉凶。先天而天弗違，後天而奉天時，天且弗違，而況於人乎？況於鬼神乎。

此中「先天」指先於天時的變化行事，「後天」指於天時變化之後行事。這段話的中心意思是要人們掌握天地之德，四時之序，這樣行事便可無憂。

由於《易傳》認為，《周易》已經包括了天地之道，「範圍天地之化而不過，曲成萬物而不遺」，所以，要了解天地之道，依據《周易》就可以了。《繫辭傳》說：

易其至矣乎？夫易；聖人所以崇德而廣業也。知崇禮卑，崇效天，卑法地。天地設位而易行乎其中矣。成性存存，道義之門。

此即聖人依《周易》而崇德廣業，即效法天地之意。

《易傳》對天道與人道之間關係的認識，以為二者之間有一致性，既是對《周易》筮法及卦爻辭的解釋，也受到了戰國時期道家等學派的影響。此種認識，對中華民族傳統的思維方式的形成，發生了重大影響。

第三章 易 學

易學是儒家經學的重要組成部分。從漢朝開始，由於儒家經學的確立和發展，《周易》被尊為五經之首，人們對它的研究，成了一種專門的學問，即易學。易學是對《周易》包括經和傳所作的種種解釋。它與《周易》既有聯繫，又有區別。《周易》是周人占筮記錄的系化，古人依據其中的卦爻象和卦爻辭推斷人事的吉凶和命運，是一部用來算命的卜筮之書。《易傳》是對春秋戰國以來各種《周易》解說的總結。隨著各哲學流派的出現和百家爭鳴的開展，隨著人們理性的進一步覺醒和思想的解放，人們逐步賦予卦爻象和卦爻辭以新的內容和含義，使其成了表述哲學思想的資料，並對《周易》的框架結構作了全面的哲學解釋，終於打破迷信的領域，占筮書變成了一部哲學書。易學則是對《周易》占筮體例、卦爻象的變化、卦爻辭以及《易傳》所提出各種觀點所作的種種解說，並通過其解說，形成了一套自己特有的概念、範疇和命題，從而構成了一套理論體係。易學有自己的歷史，在長期的發展過程中，經歷了不同的階段，形成了許多流派，其內容也在不斷豐富和發展，從而使《周易》這部古老的典籍得以流傳下來，對中國文化產生了巨大影響。

一、易學的分期和流派

歷史上對《周易》的專門研究，隨著社會的發展，文化思想的演變，經歷了四大歷史階段，即漢易時期，晉唐易學時期，宋易時期，清代漢學時期；形成了兩大流派，即象數學派和義理派。著重從陰陽奇偶之數和卦爻象以及八卦所象徵的物象，解說《周易》經傳文義的稱為象數之學，致力於研究象數學的人組成象數之學派；而主要從卦名的意義和卦的性質解釋《周易》經傳文，注重闡發卦爻象和卦爻辭義理的，則屬於義理之學，從事義理之學的人組成義理學派。象數之學是漢代易學的主流；魏晉隋唐時期，義理學派占了上峰。宋明時代，則形成了象數學派和義理學派並行的局面。與宋明道學相適應，象數之學又分為數學派和象學派；義理之學又分為理學派、氣學派、心學派和功利學派等不同的流派。到了清代，又走上了復興漢代易學的道路。這些不同的易學流派，在長期的發展過程中，既相互攻駁，又相互影響，從而推動著易學的發展。

㈠漢代象數學派

漢代易學發展的一個重要階段。這個時期的易學，後人稱為漢易。漢易的主流是象數之學。西漢的孟喜、京房是象數學派的創始人，而東漢的虞翻則將漢代象數之學發展到了高峰。

以卦氣說解釋《周易》，是漢易象數之學的一大特徵。漢宣帝時的孟喜，是卦氣說的倡導者。所謂卦氣，就是以八卦或六十四卦配一年四時、十二月、二十四節氣、三百六十五日，並以此解釋節氣的變化。孟喜以坎、離、震、兌為四正卦，分別主管二十四節氣中的六個節氣，從冬至到驚蟄為坎卦「用事」，即發生作用，春分到芒種為震卦用事，夏至到白露為離卦用事，秋分到大雪為兌卦用事。一卦六爻，每爻主管一個節氣，如坎卦初六爻為冬至，九二爻為小寒，六三爻為大寒，六四爻為立春，九五爻為雨水，上六爻為驚蟄。其它三正卦依此類推，其初爻分別為春分、夏至、秋分。其餘六十卦分配於十二月之中，每月五卦，每卦主管六日七分，配入七十二候。自十一月冬至初候開始，中孚卦用事，為一年節氣變化的開始，到次年十一月大雪末候，頤卦用事，為一年節氣變化的終結。

此說的特點是以陰陽奇偶之數解釋陰陽二氣，以卦爻象中的奇偶之數解釋陰陽二氣消長的過程。這突出表現在其中的十二辟卦之中。他將六十卦按照辟（君）、公、侯、卿、大夫五爵位，分為五組，每組各十二卦，分別配入七十二候。十二辟卦為：復、臨、泰、大壯、夬、乾、姤、遯、否、觀、剝、坤，代表十二個月和一年節氣中的中氣（處於月中的節氣），象徵一年四時的變化。以圖示之如下：

卦	卦象	月	中氣	季
復	䷗	十一月	冬至	冬
臨	䷒	十二月	大寒	冬
泰	䷊	正月	雨水	春
大壯	䷡	二月	春分	春
夬	䷪	三月	穀雨	春
乾	䷀	四月	小滿	夏

姤	䷫	五月	夏至	夏
遯	䷠	六月	大暑	夏
否	䷋	七月	處暑	秋
觀	䷓	八月	秋分	秋
剝	䷖	九月	霜降	秋
坤	䷁	十月	小雪	冬

其中從復到乾，陽爻自下而上逐漸增加，是陽息陰消的過程；從姤到坤，陰爻逐漸增長，是陰息陽消的過程。所以此十二卦又稱為十二月卦或十二消息卦，表示一年四季、十二月、二十四節氣陰陽二氣的消長變化。

漢元帝時，京房改造和發展了孟喜的卦氣說。他保留了十二消息卦說，卻將坎離震兌四正卦也納入一年的日數之中，連同巽艮兩卦，共同主管二十四節氣。並通過陰陽二氣說解釋一年四季變化的過程。為了更好地說明卦氣說，京房又提出了「八宮卦」說和納甲說。他對六十四卦的排列次序，提出一個新的看法，按照乾、震、坎、艮、坤、巽、離、兌的次序，將六十四卦分成八組，稱為「八宮」；八宮卦又配以十天干，其各爻配以十二地支，因為甲為十干之首，故稱為「納甲」。以此表示卦爻象的變化為陰陽消長的過程。京房還利用卦氣說解釋氣候的反常現象，大講陰陽災變，以此推斷人事的吉凶，構成京房易學的一大特徵，也是漢易的特徵之一。

西漢末年，又出現了「易緯」，緯是對經而言，緯書是對儒家經典所作的種種神秘主義解釋，《六經》皆有緯。《易緯》則是對《周易》經傳所作的解釋，是漢易中的一個重要派別。此派發展了孟京的易學，將卦氣說和象數之學進一步理論化和系統化了。它所提出的太極元氣說、九宮說、以及八卦之名源於古代文字說等等，都對後來易學的發展產生了深刻影響。

到了東漢末年，虞翻揚棄了京房易學和《易緯》的陰陽災變說，並將卦氣說引向了卦變說。卦變的內容主要包括兩個方面，一是乾坤父母卦變為六子卦，一是十二消息卦變為雜卦。他認為，《周易》中的八卦，以乾坤二卦為基礎，乾卦䷀二五爻與坤卦䷁二五爻互易，則成為坎卦䷜和離卦䷝。坎離二卦之中又包含著其它四卦。離卦象中，初至三爻為離卦，二至四爻為巽卦，三至五爻為兌卦。坎卦象中，初至三爻為坎卦，二至四爻為震卦，三至五爻為艮卦。二至四爻和三至五爻各成一卦象，稱為互體卦。不僅如此，乾坤二卦互相推移，還可以變出十二消息卦；十二消息卦又通過本卦之中某陰爻或陽爻的依次變動，又可分別變出其它雜卦，如復卦䷗，初爻為陽，當它依次變到二、三、四、五和上爻時，分別成為師䷆、謙䷎、豫䷏、比䷇、剝䷖五卦。如此推衍，以乾坤二卦為基礎，就變出了全部六十四卦。這樣，也就解釋了《易傳》中乾坤是「易之門戶」，為眾卦之父母的說法。

虞翻的卦變說，無非是企圖從某一卦引出另一卦，甚至更多的卦，然後再與互體說相結合，從不同的角度取象，以便更加隨意地解釋《周易》的卦爻辭，從而將漢易象數之學引向了極其繁雜的解易道路。因此，漢易象數之學被王弼派義理之學所取代，就是不可避免的了。

㈡ 晉唐義理學派

魏晉至隋唐時期，是易學史上的一大轉變時期，兩漢易學轉向了以老莊玄學解易的道路，義理學派的易學成了易學發展的主流。魏代王弼是義理之學的創立者，晉人韓康伯進一步加以發揮，將易學引向了更加思辨的道路。唐初孔穎達作《周易正義》，以王韓《易》註為本，從而使王弼派的義理之學被官方定為正統易學。

王弼註解《周易》，繼承了漢代古文經學派解易的學風，以《易傳》的觀點解釋經文，注重義理的闡發，文字力求簡明，不講卦氣、卦變、納甲和陰陽災變，一掃漢易中象數學派的煩瑣的解易學風，給人一種清晰明快，而又意義深遠之感，是學術史上的一次解放。

王弼易學作為義理之學的代表，同漢代象數之學的重要區別在於對於爻辭的解釋主取義說。他主張拋棄卦爻象，探討卦爻象和卦爻辭背後所蘊涵的義理。但是一卦六爻，各爻都有其意義，那麼，全卦的意義又如何確定？或者說，一卦之象同其爻象，卦辭同其爻辭之間有甚麼聯繫？為了回答這一問題，王弼又提出了一爻為主說，所謂一爻為主，即一卦的意義主要由其中的一爻之義決定。一卦六爻，雖然所處的時位不同，變化多端，似乎雜亂無章，但實際上有一個中心觀念，統率六爻的變化，規定其意義。只要把握了這個簡約的中心觀念，就可以統率全局，做到「亂而不能惑，變而不能渝」。他作《周易註》，常依此種觀點，解釋一卦的卦義主於一爻。

王弼推崇一爻為主，是尋求一卦的統一性。事實上，卦爻象和卦爻辭之間本來沒有邏輯上的必然聯繫，所以一爻為主說，也不能解釋一切卦義，不能解決其中的矛盾現象。為了彌補這一缺欠，他又提出了適時通變說，作為《周易》的體例之一。他認為，爻的性質在於變通，剛柔爻象變化沒有固定的形式，所以爻義也變動不居，複雜多端。爻義之所以神妙變化，難以推度，是由於卦爻適時而變，所處的分位不同，時機各異，其吉凶之義也就不同，這就是所謂「適時通變」說。

晉人韓康伯進一步從義理的高度概括和闡發了王弼的易學觀，並提出了「八卦備天下之理」的命題，認為八卦和六十四卦及其卦爻辭具備天下之理，《周易》乃明理之書。因此，通過《周易》就可以把握天下之理和變易之道，人們應該在事象的背後探求的隱藏的義理。

由於王弼義理派追求義理，將無形之理視為《周易》的根本，乃居於象數背後和超越象數、超越經驗的抽象原則，在哲學上又導出了以「無」為天地萬物本原的結論，利用易學中的範疇和命題，宣揚老莊玄學。這樣，便將易理進一步玄學化了，使《周易》與《老子》、《莊子》相併列，成為《三玄》之一。

魏晉南北朝時期，也有一批思想家，不滿意以玄學觀點解易，同玄學派易學展開了爭論，雖然理論上並無新的建樹，但對玄學派易學卻是一個很大的威脅，從而促進了玄學派易學的發展和傳播，引發了兩派易學的相互吸取和融合，為唐代易學的發展奠定了思想基礎。

在此基礎上，唐代出現了兩部總結前人易學成果的著作，一是孔穎達的《周易正義》，一是李鼎祚的《周易集解》，前者採王韓二註，並對其逐句加以解釋，被稱為孔疏。此書推崇玄學派的易學，但並不一切唯王弼是從，對其它各流派的觀點和說法，皆有所吸收和肯定，實際上是對王弼派易學進行了一番修正和改造。從而揚棄了玄學派貴無賤有的思想，將玄學的貴無論引向了崇有論，重新肯定了元氣說和陰陽二氣說，並以此解釋《周易》原理，標誌著從漢易到宋易的過渡。李氏《周易集解》則主要彙集漢易系統如鄭玄、虞翻、荀爽、干寶等三十餘家的註釋，推崇鄭學，以糾正孔疏推重玄學之偏。但對玄學派的註解，如王弼、何晏、韓康伯等，也有所採納，甚至在義理方面，對韓康伯宣揚貴無論的文字，也不加評論地收入《集解》中。這表明，兩書都是對兩漢以來易學的總結，都具有融合象數和義理兩派易學的傾向，代表了唐代易學發展的新方向。

㈢ 宋易中的數學派和象學派

宋易是中國古代易學發展的新階段。注重探討和闡發《周易》中的義理，將《周易》原理高度哲理化，是宋易的特徵之一。宋易是就其形態說的，並不限於兩宋，其解易的風氣一直延續到清朝初年。

北宋是宋易的開創時期。就現在流傳下來的著述看，北宋象數之學的倡導者，始於宋初的陳摶。他提出許多圖式解說《周易》原理，成為圖書之學的創始人。陳摶易學後來傳至劉牧和李之才，劉牧推崇河圖洛書，李之才宣揚卦變說。以後，周敦頤著重講象，提出太極圖說，論述宇宙形成的過程，為儒家成聖人的理論提供依據；邵雍則著重講數，提出先天學，創立了易學中的數學派。義理學派的倡導者大概出於被稱為宋初三先生之一的胡瑗，其後傳至程頤，程頤著《伊川易傳》，創立了理學派的易學體系；而同時的張載則吸收孔穎達氣論學說，著《橫渠易說》和《正蒙》，創立了氣學派的易學體系。同邵雍的數學派，成為三足鼎立之勢。

南宋時期，三派易學廣為流傳，而程氏易學成為易學發展的主流。楊萬里著《誠齋易傳》，發明程氏易學，大倡引史證易之風；而理學大師朱熹又站在理學派易學的立場，對北宋以來的易學作了一次總結。

元明時期，程朱派易學取得了統治地位。由於朱熹易學並不一概排斥象數之學，宋易中的圖書之學又發展成為易圖學。到明末清初，經學大師王夫之又從義理學的角度，對宋明以來的易學作了一次大總結，建立起一個博大精深的易學哲學體係，標誌著義理之學的鼎盛。

宋易中的象數學派，除繼承漢唐易學以象數解易的學風外，更為突出的是，提出各種圖式解說《周易》原理，清代學者稱之為圖書之學，圖書學是象數之學的一種形式，也是對漢易中象數之學的發展。宋明易學中的象數學派，又分化為數學派和象學派，到元明時期又發展為易圖學。

數學派的代表人物是北宋的邵雍。邵雍易學發展了陳摶易學的數學的方面，但並非不講卦象，而是在奇偶之數的基礎上講卦爻象的變化，主「數生象」，所以被稱為數學。邵雍的易學又被稱為先天學。他以乾坤坎離為四正卦，推衍出一套圖式，認為此類圖式乃伏羲所畫，有卦無文，自然而有；但其中具備陰陽終結之變，天地萬物之理，此乃《周易》的基本原理，先於《周易》而有，故稱為先天圖，其學為先天學。而漢易中坎離震兌為四正卦的圖式，乃文王之易，是伏羲易的推衍，並非出於自然，故稱為後天圖，邵雍對這兩類圖式都有解說，但更推崇前者。並用以說明一年四季陰陽之氣的消長過程，進而推算人類歷史和宇宙歷史演變的過程。

象學派的代表人物是南宋易學家朱震。他對兩漢以來的易學流派和北宋以來易學的發展，都進行了探討，尤其對漢易和北宋的象數之學作了一次總結，為象數派的易學提供了一套理論體係。朱震認為，漢代以來象數之學的解易體例可以概括為五種，即動爻、卦變、互體、五行和納甲等說，但特別推崇卦變和互體兩說，並從理論上作了較為詳細的闡述和辯解。之所以著重講此兩說，其目的在於更好地貫徹漢易的取象說。因此，他不僅認為所取之物象不能拋棄，進一步探討了《周易》取象的體例，而且對取象說提出了一套理論，並以此為出發點展開其易學哲理。

易圖學派可以明代的來知德和方孔炤、方以智父子為代表。自宋初象數之學以圖象解易以來，經過宋元到明代，此種學風愈演愈烈，逐步形成了易圖學。易圖學是宋代圖書之學的新發展，也是象數之學的一種形式，其特徵是把各種圖象看作某種模式，用來解釋世界。他們不僅崇圖，更推崇象，又成為明代象學解易的代表。來知德提出「捨象不可以言易」的命題，認為《周易》一書的內容，不過象、辭、變、占四者，而卦爻象是基礎，離開卦爻象就不足以談論《周易》及其所說的變易。據此，他以取象說為中心，提出取象說、錯綜說、爻變說、中爻說四種體例，解釋卦爻辭和卦爻象之間的邏輯聯繫，並討論象、數、理、氣之間的關係。方氏父子進一步提出了「虛空皆象數」的命題，以充滿天地之間的一切都有象數的規定，作為其易學的基本觀點，斷言沒有虛空的世界，並以象數理氣融為一體的本體論思維，論證了廣泛的易學和哲學問題，從而建立起一個象數學派的本體論體係，標誌著象數之學發展的高峰。

(四) 宋易中的義理學派

宋易中的義理學派，發揚王弼派以義理解易的學風，又力圖揚棄以老莊玄學解易的觀點，從而使儒家的易學體係逐步完善，成為宋明時期易學發展的主流。北宋易學中的義理學派，有的偏重取義，有的偏重取象，形成了理學派和氣學派的易學體係，到南宋時期又形成了心學派的易學體係。

理學派的代表人物是程頤和朱熹。程頤易學繼王弼之後，將義理之學推向一個新的階段。他揚棄了王弼派的「虛無」觀念，以理或天理為其易學的最高範疇，並以此解釋《周易》中的變易之道，以是否合天理、順天理解釋卦爻辭的吉凶。他對《周易》體例的理解，基本上繼承了王弼易學推崇取義的傳統，但又具有不同的特點，並不墨守王弼派的家法，而是有所創新。他不贊成爻有往來升降，而主乾坤卦變說，認為六十四卦皆由乾坤兩卦變來。他還提出了「隨時取義」說，認為《周易》經傳對卦爻辭的解釋，並無一定的格式，此處此時可以作此種解釋，異處異時又可以作另一種解釋。如泰否兩卦初爻之辭皆為「拔茅茹以其彙」，但一為「徵吉」，一為「貞吉亨」。其所以如此取義，是因為其時不同。總之，他把義理或變易之道放在第一位，視《周易》中的象為其義理的顯現。並據此提出了「體用一源，顯微無間」的命題，認為理是體，象是用，有體便有用，體用不容分離，理象融合在一起，以此為易學的基本原則，從而在哲學上開創了理本論的體係。

南宋時期，理學大師朱熹以程氏易學為骨幹，吸取各家的易學觀點，建立起一個龐大的易學體系。他吸取歐陽修的某些論點，提出「易本卜筮之書」，企圖說明《周易》的本來面貌，強調要區分《易經》、《易傳》和易學。他闡發程頤的「假象以顯義」說，提出「易只是個空底物事」，視《周易》卦爻象和卦爻辭為表現事物之理的抽象公式，可以代入一切有關事物。他吸收朱震的太極學說，以卦爻象為太極之數自身的展開，豐富和發展了程頤的「體用一源」說，在哲學上完成了理本論的體係。他吸收張載易學中的陰陽二氣說，以二氣變化的法則解釋物質世界變化的規律，發展了程頤的「陰陽無始」說。最後，他以體用一源的本體論觀點，解釋了周敦頤的《太極圖說》，將漢代以來易學哲學中的宇宙形成論體係，轉變為本體論體係，對儒家哲學的發展作出了重大貢獻。

心學派的代表人物是南宋的楊簡和明代的王畿。楊簡繼承程顥和陸九淵的易說，以人心解易，認為易之道即人之心，並提出「天人一本」，「三才一體」的命題，論證卦爻象和天地萬物的變化皆出於個人的意識，從而為心學派的易學奠定了理論基礎。但由於比較粗糙，尚不足以與理學相抗衡。到了明代，王畿繼承心學派以人心解易的傳統，進一步發展了王守仁的「良知即易」說，以良知為其易學的最高範疇，提出「易為心易」的命題，論證人心之良知乃《周易》一書形成的根源，也是天地萬物的本原和主宰。

氣學派的代表人物是北宋的張載和明清之際的王夫之。張載是氣學派易學的奠基人。他繼承孔疏的傳統，首先在肯定卦象和所取物象的基礎上解釋卦爻辭的義理，表現在哲學上，即把象看成是事物存在的根據。他強調，充滿宇宙之間的都是有象的事物。其成為有形之物，即為天文地理，如日月山川等，這是肉眼察覺到的，所以稱為明；當其未成為有形之物時，無形而有象，是肉眼看不到的，所以稱為幽。而幽和明、象和形無非是氣存在的兩種形式，氣聚而成有形之物，只是暫時的形態；當其散開時，又歸於無形之氣，無形卻有象，不能說是虛無。氣有聚散而無生滅。這就充分肯定了氣的普遍性和永恒性。並進而提出「有氣方有象」、「凡象皆氣」等命題，以陰陽二氣生生不已的變化過程和法則，解釋卦爻象的變化和卦爻辭的義理，從而建立起氣學派的易學體系。

王夫之站在氣學派的立場，對宋明易學及其哲學作了總結。他提出「占學一理」和「四聖同揆」說，主張占筮與學習《周易》義理不可偏廢，以學為主；伏羲、文王、周公、孔子之《易》是一致的，不能將經傳分開。他提出「易之全體在象」說，以卦象統率物象和數、辭、義理，企圖解決義理學派和象數學派的論爭。他提出「乾坤并建」為其易學的網領，主張乾坤卦象同時存在並發揮作用，方有其它六十二卦及其變易。在此基礎上，又以張載以來氣學派的易學為核心，吸收各家易學中的合理思想，通過對太極、理氣、道器、日新、神化等範疇的討論，提出陰陽二氣合一之實體為天地萬物本體的學說，從而建立起其氣本論的易學體係，把古代易學的發展推向了高峰，標誌著宋易和宋明道學的終結。

(五) 清代漢學家的易學

清代是漢易復興的時期。清人解易的著作十分豐富，超過了以前任何一個朝代。其內容和傾嚮也很複雜。但就其易學發展的主要傾嚮說，是從宋易走上了復興漢易的道路。

由于實學思潮的興起，明末清初出現了一批學者，從文獻考證和辨偽的角度，同宋易中的圖書之學和邵雍派的先天易學展開了大辯論，掀起了清算圖書之學的高潮。黃宗羲、黃宗炎、毛奇齡、胡渭等人即其代表人物。他們系統地揭露了圖書易學和先天易學同道教易學的聯繫，指出宋易中的象數之學並非《周易》經傳的本來面貌，並批評了朱熹在《周易本義》和《易學啟蒙》中宣揚圖書之學的錯誤，在當時和後來都起了很大影響。通過這次清算，清代易學中的象數之學，轉向了復興漢易的道路。

到了乾隆和嘉慶年間，由於清朝統治者推行文化高壓政策，實學中的經世致用思潮受到壓制，而注重文字訓詁和文獻考證的經學受到王朝的重視，並逐漸流行起來，形成了以考據學為中心的漢學，標誌著經學史上的一大轉變。漢學是同宋學對稱的經學形態，反對宋人脫離訓詁和考據而空言義理，尊重或發揚漢代經師解經的傳統，以此恢復經傳的本來面貌。於是，在學術界展開了漢宋之爭。

漢學的興盛，對《周易》經傳的研究起了重要影響，即從對宋易的批判走上了復興漢易的道路。乾嘉時期，復興漢易的代表人物是惠棟和張惠言。惠棟是漢易的倡導者，著有《周易述》、《易漢學》、《易例》、《周易古義》等書，皆發揮漢儒之學，篤守古義，不敢有所創新，表現了唯漢易是從的學風。他對《周易》經傳中重要範疇和命題的注疏，也著眼於卦象的形成和變化，淡化乃至取消其哲學價值。張惠言受惠棟影響很深，專攻虞翻易學，著有《周易虞氏義》、《周易虞氏消息》、《虞氏易事》、《虞氏易言》等書，以闡發虞氏易學為己任，企圖全面恢復虞翻易學的面貌，標誌著清代漢學家對漢易的研究，走上了專門化的道路。

另一派漢學解易的代表人物是焦循。他著有《易通釋》、《易章句》、《易圖略》，當時尤負盛名。其解釋《周易》經傳，不同於惠棟一派唯漢易是從的學風，主會通百家之說，不墨守一家之言，企圖在漢人象數之學的基礎上，獨闢蹊徑，另立一解易新體例。他提出旁通、相錯、時行三條原則，作為解釋《周易》經傳文句的體例；提出比例說和引伸說，即按照數學上的比例法則處理卦爻畫和卦爻辭之間的關係，按照文字學中的假借說理解卦爻辭的字義，把卦爻辭視為毫無實際意義的符號，將《周易》完全形式化、抽象化了，成為清代漢學家解易的殿軍。

二、易學中的基本範疇

易學作為中國學術的一個重要領域，有自己特有的術語、概念、範疇和命題，並以範疇為網結，形成了內容豐富的思想體係。在長期的流傳、演變的過程中，許多範疇被不同學派賦予不同的涵義，即使同一學派中不同的易學家，見解也不盡一致，後來的易學家往往對同一範疇作出新的解釋，從而使易學範疇的演變出現了複雜的情況。現選擇易學中一些基本的範疇，對其發生、發展和演變的歷史作一簡略介紹。

(一) 太 極

太極這一範疇，就易學說，始於《易傳．繫辭上》：「易有太極，是生兩儀，兩儀生四象，四象生八卦」。後來對這段文字有不同的解釋，一是認為講筮法，即揲蓍或畫卦的過程；一是認為講世界觀，即宇宙形成的過程。就占筮的過程說，此太極指五十或四十九根蓍草混而未分；兩儀指將四十九根蓍草分為兩堆；四象指四次經營，即「分二」、「掛一」、「揲四」、「歸奇」（或指以四根一組數了蓍草，即「揲之以四以象四時」；或指爻象七、八、九、六，亦通）。就畫卦說，太極指陰陽兩畫混而未分，兩儀指陰陽二爻，四象指兩儀之上各加一奇一偶所成的老陽、老陰、少陽、少陰，八卦指乾、坤、震、巽、坎、離、艮、兑八卦。就世界形成的過程說，太極為最高或最初的實體，兩儀為陰陽或天地，四象為春夏秋冬四時，八卦為天地雷風水火山澤八種自然現象。這種解釋始於漢易，後來圍繞著「易有太極」章，易學家們對太極範疇的涵義展開了長期爭論。

漢代易學家多以太極為元氣。《易緯．乾鑿度》提出太易說，解釋卦畫的起源和宇宙形成的過程，認為其發生有一個從太易—太極—陰陽二氣和天地到乾坤二卦的程序，以太易為無，太極為元氣混而未分的狀態，即元氣，這樣，便賦予了太極以實體的涵義。從此，太極便成了解釋宇宙本原的一種哲學範疇，對後來易學及其哲學的發展，起了深刻的影響。

西漢末年，劉歆以太極解釋曆法，以三統曆的一元為太極，三統為天地人，提出「太極元氣，函三為一」說。認為太極就是元氣，元氣未分化之前，即包含天地人生成的元素而成為一個統一體。東漢經師鄭玄、虞翻等人註《易》，都吸收這些說法，以太極為天地未分的原始統一體，其內容就是「淳和未分之氣」，即元氣。漢人的太極說，確立了太極為原初物質的意義。

魏晉以降，中國哲學和易學都發生了巨大變化。作為易學和哲學重要範疇的太極，也賦予了新的涵義。王弼玄學派易學以「不用」之「一」為太極，其內容是「不用」、「非數」，所以又叫做「無」。但它卻是七、八、九、六之數形成的根據。此「一」也不能自己表現自己，必因於有，凭借四十九根蓍草數目的變化顯示其功績。並且把「一」或「太極」看成是世界的本原即「無」，把四十九根蓍草之數看成是天地萬物，即他們所說的「有」，宣揚「有生於無」的觀點。這種太極觀，就哲學意義說，是以虛無實體為太極，實際上是一種邏輯上虛構的觀念，又將太極觀念實體化了。將筮法中的太極實體化始於漢易，將此實體觀念化則始於王弼派易學。

魏晉南北朝時期，或以太極為虛無實體，或以太極為元氣，或以太極為天地，展開了激烈的爭論，直到唐孔穎達作《周易正義》纔否定了王弼派的虛無實體說，重新肯定了漢易的太極元氣說。但又以四十九數之總合為太極，四十九數之展開為兩儀、四象、八卦。此種理論思維，推廣到哲學上，必然導出天地萬物乃世界本體自身的展開的理論。然而，孔穎達本人並沒有意識到這一點，這一任務是由宋明易學家完成的。

宋明道學的創始人周敦頤著《太極圖說》，不講筮法，直接論述宇宙形成的過程，以太極為陰陽二氣混而未分的狀態。太極動則生陽，靜則生陰，陽變陰合，相互作用，坐出水、火、木、金、土五行，五行順布，即為四時，陰陽五行相交便生出萬物和人類。但在太極之上，又安置了一個「無極」的階段，認為太極是從無極來的。這是講虛生氣，以虛無為世界的本原，沒有擺脫漢易和玄學的影響。

朱熹繼承程頤的易說，以「顯微無間」說解釋周氏的《太極圖說》，以太極為理，此理沒有形跡，所以又稱為無極。無極表示太極之理是最高範疇，沒有極限，並不是說在太極之先還有一個無極的階段。他認為太極之理是天地萬物的根本。周敦頤所講的「太極動而生陽」到「萬物化生」的過程，就是太極之理自身展開或顯現為陰陽、五行以及萬物的過程，沒有一個時間上的順序；展開之後，太極又在陰陽、五行和萬物之中，「人人有一太極，物物有一太極」（《朱子語類》卷九十四），一物各具一太極。也就是說，太極作為陰陽、五行之理的全體，其展開即為陰陽，五行和萬物，此理又不在陰陽五行和萬物之外，而是寓於其中。太極與萬物不即不離，只是一種本體與現象的關係。這樣，便將周敦頤的宇宙發生論轉變成為宇宙本體論了。

朱熹的太極說還有另一方面的涵義，即以太極為畫卦的根源，認為「太極生兩儀」章是講畫卦的次序。當其未畫卦之前，太極只是一個渾淪的道理，裡面含有陰陽、剛柔、奇偶之理。及畫為一奇一偶，便是兩儀。兩儀之上再畫一奇一偶，便是四象。四象之上各添一奇一偶，便是八卦。而太極之理卻不離乎兩儀、四象、八卦，又存在於其中。這同樣是以太極自身的展開解釋八卦和六十四卦形成的過程。

與此相對，數學派的創始人邵雍，則以太極為一，視其為象和數的根源。他認為，太極之「一」的本性是不動的，動則生出奇偶二數。有二方有數的神妙變化，如二生四、四生八等。有了二、四、八等數，也就產生了陰陽剛柔爻象和卦象。有了卦爻象，也就有了天地、日月、星辰、水火、土石等個體事物。而此太極之「一」的內容即人心，所以又說「心為太極」。心無思無為，不起念頭，如同止水，一而不分。當其發作，念頭興起，即是動，動則為奇數；停頓下來就是靜，靜則為偶數。奇偶之數及其變化的法則，就根源於未動之心。後來，心學派解易，又以人心或道心為太極，到明代王守仁及其弟子王畿則提出太極良知說，以人心之良知為太極。

以張載為代表的氣學派，則以太極為太虛之氣。太極自身包含兩個方面，既非一，又非兩，而是一中含兩，即陰陽二氣的統一體。陰陽兩個方面相互對立，相互推移，所以其運動變化無窮，神妙莫測。後來，氣學派的易學家如明代的王廷相，以至王夫之，都繼承和發展了此種太極說。甚至理學派的楊萬里、象學派的朱震、方以智父子，也都深受其影響。

王夫之吸收張載的「一物兩體」說和朱熹的物物有一太極說，提出了自己的太極觀，以太極範疇說明卦爻象和世界的本原。就筮法說，他不以不用之一為太極，而以五十數之總合為太極。就哲學意義說，他不以虛無實體、理或心為太極，而以陰陽二氣合一之實體為太極。此陰陽二氣既有差異，又不相侵害，相資相濟，融為一體，所以又稱為「太和」，即以「太和絪緼之氣」為太極。陰陽二氣本有健順之性，此性即為理，所以太極又是理氣合一的實體。此實體乃天地萬物的共同本原。太極同兩儀、四象、八卦的關係，有如同一個月亮有明有暗；同為一水，其源流入支流，支流皆有源水一樣。也就是說，從太極到八卦以至六十四卦，並沒有一個時間上的順序，太極本來就蘊涵著一切卦爻象，其展開則表現為兩儀以至六十四卦之象，每一卦每一爻又具有太極全體，太極又不在卦爻之上，一切卦爻象乃太極自身的顯現。這是以程朱學派的「體用一源」說解釋太極與儀象卦爻的關係，從而否定了任何形式的「太極生陰陽」的在先說。在哲學上則導出了天地萬物乃太極即太和絪緼之氣自身展開，天地萬物皆具太極之氣，太極始終寓於天地萬物之中的結論，完成了建立氣學派本體論的任務。

㈡太和

太和這一概念，是《易傳》提出來的。乾卦《彖傳》：「保合大和，乃利貞」。「大和」即「太和」，指最和諧的狀態。在筮法上，指乾卦六爻皆為陽，沒有任何剛柔相雜相侵的不和諧情況。在自然觀上指天時節氣的變化更迭十分和諧，風調雨順，萬物蕃盛。王弼、韓康伯註解此句，皆以太和為高度的和諧。

北宋張載有本於此，把氣處於最高的和諧狀態稱為太和。認為在氣化過程中，陰陽二氣處於高度和諧的最佳境地就是道，提出「太和所謂道」的命題。此境地中，涵有陽氣輕浮而上昇，陰氣重濁而下降，陽動陰靜相互召感的本性。有此本性，方產生相互吸引、相互推蕩、相互勝負、相互屈伸等運動形式。不處於此種氣化的最佳境地，就不足以稱為太和。實際上，張載是以太和與道的範疇描述運動變化的性質和形式。張載此說影響很大，即使理學大師朱熹，也在其「周易本義」中發揮張載的太和說，以太和為「陰陽會合沖和之氣」。

清代王夫之全面繼承並發展了張載的氣論學說。在張載太和說的啟發下，他以陰陽二氣合一之實體為太和。此陰陽合一之實體的特徵是「絪縕相得，和同而化」（《周易內傳·繫辭上》），即陰陽二氣相互吸引，不相悖害，渾淪無間，融為一體，故稱其為太和。並提出「太和絪縕之氣」的說法，用來解釋太極本體的內涵。這種說法一方面表示，陰陽二氣作為世界的本體，其特性在於合一，即相成相濟，融為一體；有此太和絪縕之實體，陰陽二氣纔能發揮其動靜、聚散、清濁等性情功效。另一方面表示，陰陽合一實體具有運動的性能。陰陽二氣相互滲透，絪縕不息，乃生化萬物的根本。王夫之以此說解釋世界的構成和變化的源泉，既揚棄了張載追求世界本體的清虛狀態的觀點，又否定了張載以「至靜無感」為「性之淵源」的理論缺陷，是對氣學派易學的重大發展。

張載、王夫之大力宣揚太和，其主要思想是：世界上萬事萬物之間，雖然存在著相反相爭的情況，但相反而相成，相滅而相生，總之相資相濟是主要的，對立面的和諧是運動變化的源泉和歸宿。正如張載所說「有反斯有仇，仇必和而解」（《正蒙·太和》）；王夫之所說：「天地以和順為命，萬物以和順為性」（《周易內傳·繫辭上》）。這是易學中太和範疇所表示的根本觀點。經過歷代易學家的闡發，太和觀念成為中華文化所追求的最高價值理想。

㈢象數

象與數是易學中一對重要範疇。早在《易傳》中，就多言象數。所謂象，主要指卦爻象和八卦所象徵的物象。如《繫辭》所說：「聖人設卦觀象」，「八卦成列，象在其中」，「聖人擬諸其形容，象其物宜，是故謂之象」等等。所謂數，主要指陰陽奇偶之數、蓍草數目、九六之數等。如「陽卦奇，陰卦偶」，「參天兩地而倚數」，「天地之數」，「大衍之數」，「乾用九」，「坤用六」等等。並且提出「極其數遂定天下之象」的說法，認為窮盡奇偶之數，方能確定六十四卦之象，有奇偶數，方有陰陽卦象。後來，易學史上關於象數的內容雖無多大變化，但圍繞著象和數的關係，卻展開了長期的爭論。

魏晉玄學派的韓康伯闡發義理之學，但並不否認筮法中的象和數。認為卦象效法陰陽之氣的變化，蓍數來於天地奇偶之數。就成卦的過程說，奇偶之數確定一卦之象，卦象又具備奇偶即七八九六之數。蓍數與卦象相輔相成，象和數對判斷吉凶、預知未來都是不可缺少的，但象和數又都受虛無之理的支配。

宋易中象數學派的劉牧及其後學，反對以虛無之理為象數之母，以數為核心解釋卦象和物象，提出了「象由數設」的命題。認為天地之數、太衍之數和五行生成之數都表現在河圖洛書中，其數目的排列組合，便得出四象和八卦，數的變化決定卦象的形成。在他看來，天奇一三和地偶二四，各與天五相配合，即生出七八九六之數，遂定老陽老陰少陽少陰之象，此七八九六之數居於四正位為四正卦，其餘數目居於四隅之位則為四隅卦，八卦相重則為六十四卦。五行和萬物是有形的，來於無形之象，陰陽之象或四象又來於奇偶之數，所以說「原其本則形由象生，象由數設」（《易數鈎隱圖》）。數又是象的宗主，所以說「舍其數則無以見四象所由之宗」（同上）。因此，孔子贊易，必舉天地之極數即五十五之數，說明事物變易之道；人們對《周易》一書的瞭解，必推極其數，方知其本。這就是說，萬物生於卦象，卦象又生於奇偶之數，數則是天地萬物的宗主，構成萬物的基本要素。這是宣揚以數為本的世界觀。

邵雍吸收劉牧的思想，以數的推衍說明八卦和六十四卦的形成和宇宙的結構，創立了數學派的易學體係。他認為，太極之「一」的本性不動，動則生二，有二，其變化則神妙莫測，如有二則有三，二分則為四，四分則為八，八八六十四，九九為八十一等等。有了二、四、八等數，也就產生了陰陽剛柔爻象，所以說「數生象」。有了爻象和卦象，也就有了天地、日月、水火、土石等個體事物，此即「象生器」。形器有成有毀，有始有終，終歸於奇偶之數的神妙變化。這也是將數置於第一位，認為有數方有奇偶二數的變化，有數的變化方有象有器，從提出了「數生象」的命題。

宋易中的義理學派反對「數生象」說。程頤提出「有理而後有象，有象而後有數」的命題，認為數乃陰陽氣象變化的度數，理為象數的本原。張載出「有氣方有象」，「凡象皆氣」的命題，主要討論氣與象的關係，很少涉及象數關係問題。而朱震的象數之學又吸取張載的學說，置氣、象於第一位，主張有氣而後有象，有象而後有數，以數為象表現自己的形式，同邵雍為代表的「有數而後有象」的觀點對立起來。

元明兩代，關於象數問題的討論，基本上沿襲了邵雍和朱震的觀點。直到明末清初的方以智、王夫之，方為象數問題的討論賦予了新的意義。

方以智提出「虛空皆象數」的命題，把象數看作理氣的表法。認為天地之間充滿了各種象，無處不有象，無處不是象，卦爻象和河洛圖象是聖人對萬象的類別所作的高度概括，沒有脫離萬象和卦象而存在的虛無世界。而一切陰陽五行之象、天地之象都有數的規定性，這種規定性又出於萬物之理。據此，又提出了合理氣象數而為一的觀點。天地之間一切有形的和無形的東西，都是氣化的產物，象數乃氣化的形式和度數，理作為氣化之所以然，即貫穿於陰陽二氣、天地之象和奇偶之中。「理藏於象，象歷為數」，象的差別和層次清晰可數，即是數。也就是說，數不脫離象，有象方有數，而象數又本於理，是理的表現，理即存在於象之中，觀象方可明理，倚數方可窮理。這就較為正確地處理了理氣象數之間的關係。

王夫之繼承元明以來象學的傳統，提出「易之全體在象」和「非象則無以見易」的命題，以卦象為《周易》的基礎。在王夫之看來，卦象是有形有象的，其畫為形，其陰陽為象；奇偶之數也是有形象的，但同卦象相比，只表示量的規定性，即陽為奇，陰為偶。數同卦象不容分割，其卦德卦義即在其中。就事理的本來情況說，卦象基於陰陽變易的法則，象成方有數可數，即有象方有數；就揲蓍成卦的程序說，由蓍數的推衍而得到卦爻象，象成而陰陽變易之理即寓於其中，即先數而後象。王夫之認為，這兩種說法並不矛盾，各有所指，但都強調象、數、辭、義不容分離，不能脫離卦象推測吉凶，言說義理。這種觀點推廣到哲學上，他認為，凡天地之間的個體事物，有象則有數，有數則有象，象數皆備。象指個體事物的性質可見的方面；數指其形質的量的規定性，如某物的容量有大有小，其運動變化的節度有多有少，即是數，並使其變化呈現條理，具有一定的規律性。就事物的本然狀態說，象數無先後之別；但就人類考察和認識事物的手段或方法說，有時先考察其象，由大而知小，由全體而知部分，可以說先象而後數；有時則先考察事物之數，由少而知多，由部分而知全體，可以說先數而後象。總之，他區分了自然的象數和人為的象數，認為象數相倚出於自然，區分先後則屬於人為的活動。這就以象數相統一的觀點打擊了數學派以數為世界本原的理論。

(四)象　理

《易傳》提出「聖人立象以盡意」，又提出取象說和取義說解釋《周易》卦爻辭，但並不直接討論卦象和義理的關係。在易學史上，象意或象理之辨開始於王弼。

王弼在《周易略例》中寫有《明象》一文，討論言、象、意三者的關係。就筮法說，言指卦爻辭，象指卦爻象，意指卦爻象和卦爻辭所蘊涵的意義或義理。他認為，卦象及其所取之物象是用來表現卦義的，卦爻辭是用來說明卦象的。因此，通過卦爻辭得到了卦象的內容，便可以忘掉卦爻辭；通過卦象得到了卦爻之義，便可以忘掉卦象。如同捕魚捉兔，需要用筌或蹄等工具一樣，既已捕捉到了魚兔，筌蹄便可以棄置不用了。這就是所謂「得意而忘象」。只要把握了義理，就可以捨棄卦象。相反，如果拘泥於卦象上，反而有礙於得意。所以，要想求得對卦義的真正理解，必須忘言、忘象，此即「得意在忘象，得象在忘言」。最後他歸結為，只有忘掉卦象，纔能把握一卦的義理，此即「忘象以求意，義斯見矣」。這是把卦義放在第一位，置卦象居於次要地位，是為卦義服務的。

就哲學意義說，此象指事物的形象、現象；意指事物的本質、規律及其對本質的認識。王弼認為，本質的東西隱藏在現象之後，現象只是表現本質的工具，拘泥於現象則不能認識本質。強調要探討本質的東西，不能受表面現象的迷惑，有其合理因素。但又講拋棄物象去認識本質，又導致了象外求道的錯誤理論。

程頤繼承了王弼派以義理解易的學風，提出「有理而後有象」和「因象以明理」的原則，處理象和理的關係，認為義理是本，象是義理的表現形式。據此，他又提出「體用一源，顯微無間」的命題，以體用範疇解釋理象關係。認為一卦的義理是無形的，通過卦爻象和所取之物象方能顯示出來。理無形，隱藏在事象背後，深而幽隱，故稱「至微」，象有形可見，顯露在外部，故稱「至著」。但理與象乃一事之兩個方面，理是體，象是用，有其體便有其用，體用不相分離，無所謂先後，理與象融合在一起。此即「體用一源，顯微無間」（《易傳序》）。此種觀點是講理象合一，但理主體，以此宣揚萬事萬物皆依理而存在的理本論。

張載由於受孔疏影響，認為卦象為一卦的體制，其卦義即存在於卦象和所取的物象之中，只有玩味一卦之象，方能理解其義。這是以象為主體，同程頤以理為主體是不同的。此種不同的傾嚮，表現在哲學上，則形成了理學派和氣學派的對立。

王夫之繼承氣學派的學說，認為卦象形成後即為一卦的主體，事物之理即通過象顯示出來，六十四卦象即陰陽變易之理和事物之理存在的形式，卦象同義理是一事之兩個方面，並非兩個實體，因而理與象不容分割，不能捨象而求理，而要「即象見理」。此種理象統一觀，既反對了王弼派的忘象求意說，又反對了象數派的泥象忘理說，同時又揚棄了程朱學派的理本象末說，可以說是對易學史上象義（理）之爭作了一次總結。反映在哲學上，便導出了「象外無道（理）」說，認為道或理作為事物的本質或規律，即存在於有形有象的個體之中，不能脫物象即事物的現象而獨立存在。此種觀點，又將程朱的理本論轉化為象本說，從而否定了道或理的實體性，是王夫之易學的一個貢獻。

(五) 道　器 (形上形下)

道器這對範疇也是《易傳》提出來的，其中說：「形而上者謂之道，形而下者謂之器」。道指乾坤和陰陽變易的法則，法則是無形的，稱為形而上。器指卦畫和有形之物，稱為形而下。但在易學史上真正展開道器之辨，是從晉人韓康伯開始的。

韓康伯認為，一切有形有象的事物都是器，而無形無象的東西即為道。道寂然無體，不可為象，所以稱為「無」，但它卻是一切有形有象之物的根本。陰陽爻象或陰陽之氣皆有形或象可尋，亦屬於器的領域；而道無形象，處於陰的領域而無陰象，處於陽的領域亦無陽象，可是陰陽卻依道而成形成象，這就是所謂「一陰一陽之謂道」。也就是說，一陰一陽並非又陰又陽，而是既無陰又無陽，這纔是道。這是以道器觀宣揚以無為本的玄學理論。

唐孔穎達發揮韓康伯的觀點，以道為體，以器為用，認為道是無體之名，器是有形之質，凡有從無而生，形依道而立，有道方有器，先道而後形，先有形而上後有形而下。但又與韓康伯不盡相同。他不以道為虛無實體，而將道解釋為無形的東西；凡未具備形質的都可稱為道。陰陽二氣及其變化的法則沒有表現為剛柔兩畫，成為八卦之象，亦可稱之為道。陰陽自然而有，其生化萬物亦無造作，自然而然，這種品德或法則，就叫做道，並非韓氏所說，無陰無陽就是道。這就揚棄了玄學派以虛無為本體的內容，而以有生於無的玄學形式論證了陰陽二氣乃《周易》的基本原理。

崔憬則認為，凡天地萬物皆有形質，就其形體和體質說，為器，為體；就其形質的功能和作用說，為道為用。如天圓地方，其形體為體為器，其生成萬物的功能或作用為用為道。植物之枝幹為體為器，其生長的性能則為用為道。這是說，道作為實體的功能或作用是依賴於實體器的。實體的功能是無形的，稱為形而上；實體的體質是有形的，稱為形而下。按此說法，不是先有形而上的道，方有形而下的器，而是形而上的道依賴於形而下的器。這既反對了以道為實體的學說，又拋棄了有生於無的玄學形式，是崔憬對道器之辨的一個貢獻。

宋明時期，易學象們圍繞道器問題展開了長期的辯論。張載以氣化解道，認為道是無形的，是氣化的過程。程頤則認為陰陽是氣，氣是有形的，是形而下者；而所以為陰為陽者纔是道，是形而上者。道作為陰陽之所以然，指陰陽之理，此理無形，屬於形而上的道。陰陽二氣屬於形而下的器，是陰陽之理的顯現。二者是體用關係，所以道不是陰陽，又不脫離陰陽，但又認為道是器的根源，理為氣的根本。朱熹繼承了程頤的說法，認為有形者可以稱為器，無形者則稱為道，然而道非器不形，器非道不立。陰陽為器，所以為陰為陽之理纔是道。進一步宣揚理為氣本的本體論學說。

南宋功利學派的薛季宣，以器為體，以道為用，認為道無形，離器則無所安置，道常存於形器之內，主張道寓於形器之中，打擊了道本器末說。心學派的楊簡解易，不贊成區分形上和形下，主道器合一，但不以形器為本，而以心為本。此後，元明以來的氣學派和象學派，皆主道器合一說或道不離器說，到方以智則闡發為「道寓於器」說，對王夫之的道器觀影響很大。

王夫之繼承氣學派的道器觀，對易學史上的道器之爭作了總結，提出「無其器則其道」，「形而上不離乎形而下，道與器不相離」。在哲學上則提出了「天下惟器」說，認為道是器的道，器不可以說是道的器，沒有弓矢就沒有射箭之道，沒有車馬就沒有駕禦之道，沒有兒子也就無所謂為父之道。道只能以器作為自己存在的實體。所以王夫之斷言「器而後有形」，「有形而後有形而上」，脫離個體事物的「無形之上」，亙古今，通萬變，窮天窮地，窮人窮物，都是沒有的。形而上的道依賴於形而下的器，二者「統之於一形」，不能割裂。這就否定了宋明道學中的道本器末說。

道器之辨，在哲學上是關於一般和個別，本質與現象，規律與實體關係問題的爭論。王夫之的「天下惟器」說，不僅肯定規律性的東西，一般的東西及抽象的原則，寓於有形有象的個別事物和事件之中，更為重要的是指出了沒有個體便沒有規律，沒有個別就沒有一般，沒有現象就沒有本質。這樣，就正確地解決了道器或理事誰依賴於誰的問題，從而作出了自己的貢獻。

㈥ 元亨利貞

「元亨利貞」始見於《周易》乾卦辭：「乾，元亨，利貞」。其本義是說，舉行大享之祭的時候，筮遇此卦，是有利的占問。可是，後來卻發展成為四個相連併舉的範疇。戰國時期的《易傳．文言》吸收春秋時代穆姜的解說，以「元亨利貞」為仁、禮、義、幹事四德。在漢代至明清易學的長期發展過程中，此種解釋有著深遠的影響。

南北朝期，周弘正同梁武帝曾討論易學問題。周弘正本於《文言》和漢代《子夏傳》：「元，始也；亨，通也；利，和也；貞，正也」的說法，也以元亨利貞為四德。但他又受揚雄「太玄」的啟發，從天、地、人三方面解釋此四德，以天之元亨利貞為春夏秋冬，地之元亨利貞為木火金水，人之元亨利貞為仁義禮信。並且認為此四德具有長、養、成、終之義，意味著事物從始到終的發展過程。這樣，他所說的元亨利貞四德，便開始突破了道德的領域，具有了世界觀的意義。而另一位易學家莊氏（佚名）則以元亨利貞為天生成萬物的四種德行：元為使萬物初生，亨為使萬物通暢成長，利為使萬物各得其宜，貞為使萬物皆得中正而成就。又把周弘正以元亨利貞配春夏秋冬四時，說明植物生長收成的過程，推廣為天道生長萬物的過程。

唐孔穎達作《周易正義》，引用了周氏和莊氏文，並依據莊氏的說法，又以元亨利貞為陽氣生長萬物的四個階段，認為元亨利貞是陽氣使萬物生存、通達、具有條理和堅固完善的四種德行，並以元為萬物生長之始，貞為萬物成長之終。這樣，孔氏又以陽氣生化萬物的性能解釋了天道的內容，並說明人類應該效法天道，輔助萬物的成長。這是對漢易中陰陽二氣說的重新肯定。

到了宋代，程頤也以元亨利貞為天道生成萬物的四個階段，元為萬物之始，亨為萬物之長，利為萬物之遂，貞為萬物之成，並以此配仁禮義智四德。朱熹則以程氏理學的觀點，對歷代易學中的四德說作了發揮，認為程氏講的四階段，既是就氣說的，又是就理說的。「以天道言之，為元亨利貞。以四時言之，為春夏秋冬。以人道言之，為人仁義禮智。以氣候言之，為溫涼燥濕。以四方言之，為東西南北。」（《朱子語類》卷六十八）有元亨利貞之理，方有陰陽二氣和萬物生長收成的變化過程。而這四個階段又是一個循環往復的過程。比如穀物的生成，萌芽是元，禾苗是亨，結穗是利，成實是貞；但其果實又能復生，以至循環無窮。元亨利貞沒有間斷之時，總是貞了又元。以此表示事物的變化總是生生不已，沒有窮盡，「貞了又元」後來被稱為「貞下起元」。朱熹以此說明萬事萬物變化的過程和規律，在易學史上發生了深刻的影響。

(七) 陰陽

陰陽是易學中一對極為重要的範疇。自戰國時代的《易傳》吸收道家和陰陽家所倡導的陰陽學說，以陰陽變易觀念解釋《周易》以來，歷代易學家都闡發陰陽範疇，推崇陰陽變易法則成了易學的基本特徵。

漢易的代表人物京房，發展了《易傳》中的陰陽說，鮮明地提出了陰陽二氣說，並以此解釋易學中的陰陽範疇。在京房看來，《周易》是講變化的，所謂變化，無非就是陰陽變易。有陰陽二氣相交相蕩，升降反復，方有卦爻象和人事吉凶的變易。陰陽二氣千變萬化，新新不停，生生相續，永無止境，這就叫做「易」。而事物以及卦爻象的存在和變易，總是又陰又陽，不拘於一個方面。比如離卦象為二陽爻中包一陰爻，這是「本於純陽，陰氣貫中」（《京氏易傳》），所以纔有文明之象。他認為，純陽之體，必須其中貫以陰氣，使剛陽之氣中虛而趨於柔順，方能發光照物，否則就會成為暴熱而傷物。如果只專於一面，有陽而無陰，或有陰而無陽，或者只能長不能消，其結果必然失敗。值得注意的是，京房還闡發了陰陽轉化的觀念，提出了「物極則反」說。如對大壯卦的解釋，大壯䷡卦四陽爻二陰爻，陽勝陰為壯，其爻辭說，壯羊以其角觸藩籬，反而被繫住了角，處於進退兩難之地，這就是壯極則反，即是說，陽盛至極則反於陰。所以事物發展到極端則走向其反面，故說：「物不可極，極則反」。其解釋大過卦也說：「陰陽相蕩，至極則反」。京房的「物極則反」說，經過孔穎達、歐陽修的闡發，至程頤方提出「物極必反」說。

張載提出「陰陽兼體」說，解釋氣化的過程。氣的運動變化，就其一陰一陽相互推移說，叫做道；就其陰陽變易神妙莫測說，叫做神；就其變易而無窮盡說，叫做易。陰陽二氣相互對待，相互推移，是卦爻象和天地萬物形成和變易的根源。在氣化過程中，陰陽兩個方面總是相兼相制，相互滲透，結為一體，不能有陽而無陰，或有陰而無陽。這種觀點，他稱之為兼體，即兼有陰陽對待的雙方。只有從陰陽兼體說出發，考察事物的變化，纔能不被表面現象所迷惑，從千變萬化之中把握其根本。據此，他又提出「一物兩體」說，認為太極之氣兼有陰陽兩個方面而成為統一體。因為陰陽對立面相互依存，所以纔有變化的性能；因為此統一體含有陰陽對立面，所以纔有氣化過程的變化無窮。一切事物運動變化的根源即存在於此陰陽的統一體中。這就把易學史上的內因論觀點提高到了一個新的水平，是張載易學的一大貢獻。

朱熹提出「易只是一陰一陽」的命題，強調陰陽變易是《周易》的基本法則，認為一切事物的存在和變化，歸根到底，無非是一陰一陽。就卦爻象的變化說，整部《周易》不過一個陰陽奇偶，有奇偶兩畫相交相推，方有六十四卦象，方有《易》之變易。若沒有奇偶卦畫，憑甚麼寫出《周易》的陰陽造化，又哪裡去得其變易？就陰陽之氣的變化說，氣的變化有進有退，有消有長，也是一陰一陽。萬事萬物都依此消長變易而出，所以個體事物的存在及變化也是一陰一陽。天地之間，無一物不有陰陽乾坤。這是將事物的變易歸結為陰陽變易。由此，他認為陰陽變易的法則有二：一是流行，即推移，如陽變陰，陰變陽，動變為靜，靜變為動，晝夜寒暑，屈伸往來。二是對待，即交錯，如天地定位，山澤通氣，陰中有陽，陽中含陰。前者指陰陽對立面的相互轉化；後者指陰陽對立面相互滲透。有對待方有滲透，而對待意味著陽是陽，陰是陰，各居其位，不相混淆。所以，他又稱交錯對待為陰陽定位。他以一氣之消長說明流行，認為陰陽只是一氣，長時為陽，消時為陰。陽的一面發展到頂點便開始消退，即轉化為陰氣，不是說陽氣盡了，又另外有個陰氣出來代替它。就是說，所請流轉，不是二物更替，而是一物的分化。此陰陽流行的過程，總是陽了又陰，陰了又陽，循環不已，既沒有一個開頭，也沒有終結，不被創造也不被消滅。整個物質世界的變化也是如此。關於陰陽對待，朱熹又提出了陰陽各生陰陽說，認為萬事物萬物各分陰陽，一事一物又各有陰陽，如人之男女陰陽，一人身上各有血氣，血陰而氣陽；又如晝夜之間，晝陽而夜陰，但晝陽自中午以後又屬陰，夜陰自子夜以後又屬陽。如此陽中有陰，陰中有陽，陰陽交錯對待，便是「陰陽各生陰陽」。此說在於說明卦象和事物的對立是錯綜複雜的，對立面是由許多層次構成的，不能將《周易》的「分陰分陽」簡單化。朱熹的陰陽流行和陰陽對待說，後來被明代的蔡清和來知德作了許多闡發，在易學史上產生了深遠影響。

王夫之繼承氣學派的傳統，以陰陽二氣解釋卦爻象，認為卦爻象所以有剛柔之分，有吉凶悔吝的不同，皆基於陰陽二氣及其變化的法則。陰陽為體，剛柔即卦爻象為用。有此陰陽二氣之體，方有剛柔爻象之用。陰陽二氣及其變化的法則，乃聖人畫卦立象的根據。不僅如此，陰陽二氣也是天地萬物的本體。天地之間，凡有形有象的東西，自雷風、水火、山澤，以至蜎孑萌芽之小，從未成形到已成形，都是陰陽二氣的產物。由於陰陽二氣各有其性能，所以天地萬物的性情和功效亦各有差異；陰陽二氣自身具有運動的本性，天地人物屈伸往來的原因也都來源於此。從而提出了陰陽實體說。

王夫之的陰陽實體說，還著重闡發和提出了一些新的觀點。第一，提出陰陽「實有」說，論證陰陽二氣的客觀實在性。陰陽二氣的存在及其性能和變化，都是自然如此，既非虛無，也非人為所造作，所以有其客觀實在性，是實有的。還從客觀事物都有體用，體用相函，物物相依論證陰陽二氣乃實有之物。第二，重新解釋了張載以來的氣無生滅論，闡發了陰陽二氣無損益說。認為天地之間的陰陽二氣是自足的，屈於此則伸於彼，其總量無增減。

人物的生死只表示陰陽二氣互相屈伸往來，作為其本體的陰陽二氣並無生滅，個體有成毀，而陰陽無終始。這是因為，陰陽二氣作為本體，即寓於個別器物之中而發揮作用，個體消滅了，其稟有的陰陽二氣又轉化為另一形態，寓於另一形器之中。如秋冬時節生物之氣潛藏地中，車薪之火轉化的焰、煙、燼，水銀升華變為土粉等。以陰陽二氣的屈伸往來解釋其總量不增不滅，以物質形態的轉化論證氣不滅論，是王夫之陰陽實體說的一個貢獻。第三，提出了陰陽協於一的學說。認為二氣雖有差異，但並不相捨相離，相毀相滅，而是相合相濟，相因相通，和協為一。所以天地萬物各得其宜。任何有形象的東西，包括卦爻象，都含有陰陽兩個方面，即使形態上屬於陽性或陰性的事物，也含有對立的一方。這是因為獨陽不生，獨陰不成，陰陽總是融為一體，不可分離。陰陽二氣既相互排斥，相反相敵，又相互吸引，相資相濟，絪緼交會，協和為一，從而構成萬物的本體，推動事物的變化。於是，依此陰陽合一之實體的學說，建立起了氣本論的體係。

(八) 五　行

從現存的史料看，引入「五行」範疇，以五行學說解易，始於漢代的帛書《易傳》。但尚未形成一個五行學說的體係，直到京房解易，纔形成了體係。京房以五行配入八宮卦及卦中各爻，乾配金，坤配土，震配木，巽配木，坎配水，離配火，艮配土，兌配金。乾卦為陽卦，各爻配以十二辰的陽支，初爻為子配水，二爻為寅配木，三爻為辰配土，四爻為午配火，五爻為申配金，六爻為戌配土；坤為陰卦，各爻配以陰支，初爻為未配土，二爻為巳配火，三爻為卯配木，四爻為丑配土，五爻為亥配水，上爻為酉配金。其它六子卦各爻，按陰陽區分，配入五行，皆類此。制一五行爻位圖，示之如左：

五行爻位圖

八卦＼爻位	上爻	五爻	四爻	三爻	二爻	初爻
乾金	土	金	火	土	木	水
坤土	金	水	土	木	火	土
震木	土	金	火	土	木	水
巽木	木	火	土	金	水	土
坎水	水	土	金	火	土	木
離火	火	土	金	水	土	木
艮土	木	水	土	金	火	土
兌金	土	金	水	土	木	火

京氏認為，八卦為母，其六爻位為子，母子之間依五行順序存在著相生相剋的關係，以此解說卦爻辭的吉凶。他還按五行相生的順序把八宮中的六十四卦分別配入土、金、水、木、火五星，以天文學中的占星術解說人事的吉凶。總之，京房以五行說解易，與其陰陽學說相結合，就構成了一個以陰陽五行為間架的體係，把《周易》看成世界的模式，而世界變易的基本法則，即陰陽二氣的運行和五行的生克，就表現在八卦和六十四卦之中，從而將西漢以來的自然哲學更加系統化了。

以五行解釋八卦爻位始於京房，把《周易》中的數同五行聯繫起來，始於劉歆的《三統曆》。揚雄受其影響，又將五行生數和成數配以時間和方位，納入其《太玄》圖式之中，講一年四季變化的過程。東漢鄭玄吸收他們的觀點，用來解釋《繫辭》中的天地之數和大衍之數。他認為，《繫辭》所說的天地之數，就是五行之數。天地之數各有五，一二三四五和六七八九十之數即五行水火木金土的順序。前者為生數，即生物之數；後者為成數，即成物之數。此天地之數又代表天地之氣，天奇之數代表陽氣，地隅之數代表陰氣。僅有奇數，無偶數相配，即只有陽而無陰，不能生成萬物，所以五行生數和成數要相配合，即天一配地六，地二配天七，天三配地八，地四配天九，天五配地十；並分別配以北、南、東、西、中央五個方位，表示一年四季氣候的變化。這就是「繫辭」所說的「五位相得而各有合」。有此陰陽之數的配合，天地之氣方能生化萬物。如此配合，天地之總數為五十五，也即大衍之數。由於五行之氣各相併相通，故減去五數，只有五十，所以說「大衍之數五十」。這種解釋，又將筮法中的陰陽奇偶之數，推衍為五行之氣的生數和成數，以五行相生為核心，通過易學的形式構成了一個時空間架，作為生成萬物的法則，就具有了哲學的意義。此說影響很大，被稱為五行生成說。到宋代，被易學中的圖書學派所吸收，劉牧將它用黑白點的圖式畫出來，稱為洛書，朱熹一派則稱之為河圖（詳見下節）。

元代張理繼承圖書學派的傳統，將各種易圖同陰陽五行學說結合起來，解釋世界的構成，認為整個世界依陰陽五行的關係，形成了一個相互聯繫的多層次的系統，把陰陽五行學說更加系統化了，但在理論上並未提供多少新的內容。

方以智父子從易學中氣論的觀點出發，解釋五行的起源及其性能。他們認為天地之間充滿了氣，一切有形的和無形的東西都是氣化的產物。大一之氣或元氣自身分化為陰陽二氣，陰陽二氣「自相盤旋」，相互轉化，又分化出五行之氣，五氣凝聚成形則為五材，即水火木金土，五材又隱藏著五氣，五氣各具陰陽之性，彼此相制而又相成，交互為用，最終又歸於一氣。氣分化為陰陽和五行，並非分而相離，而是相互包涵，陰陽即在五行中，「一時俱生俱成」，沒有時間上的先後次序，但仍有差別和層次。這種觀點是說，從大一之氣到陰陽二氣，再到五行之氣，此種分化或轉化的過程，同樣基於蘊涵關係，乃一邏輯地展開的系列。這就使其五行學說具有了本體論的意義。

方氏還著重研究了五行之間的關係，闡發了五行互藏互化說。方氏不僅區分了五氣和五材，而且詳細分析了五行各自的性能。認為水為濕氣，火為燥氣，木為生氣，金為殺氣，土為沖和之氣，能調合各種氣，所以水火木金四氣皆因土而成形，為五材，土形為五材之主。這樣，五行又成了物質的五種性能和構成物體的五大元素。在方氏看來，五行不僅相生相克，而且互藏互化。如論海水的由來說，土中有火氣，火氣上昇，遇冷則轉為水氣，水氣凝結成水則下降。地體最重，水輕於土，故下降之水浮於地上。地形如胡桃，有凸有凹，水則匯集於凹處而成海。這是以水火土三行的性能和互藏互化解釋海水的形成。又如海水夜間發光，燒酒能發熱，是因為水中藏有火的成份；積雪融化凝為泥沙，因為水中藏有土。地中的土氣受太陽照射而蒸發，其中含有火性，所以上昇，遇冷又化為水氣而成為雲；如日照積久，地氣乾燥之極則化為火，火燃土石化為灰燼，從地穴中噴湧而出，則成為火山。總之，五行之氣相互包涵，一行之中各具四行，自然物性所以有差別，由於所稟五行之氣的多少強弱不同。

方式提出了五行尊火說。認為五行說到底可以歸為水火二行，如氣候的變化歸為寒暑，氣體的變化基於水火，五臟則以心腎為主，心為水，腎為火。這是因為水火二氣乃陰陽二氣的代表，就易學說，坎離乃乾坤之正用。關於水火二氣，方氏更推崇火氣。他專門寫有《五行尊火為宗說》一文，認為五行以火為尊，火為五行的宗主。他說，世人只知道火能生土，卻不知火能生金、生水、生木。其實，金非火不能煉成，水非火不能昇降，木非火不能向榮。土中、石中、金中、海中、樹中，經過敲擊鑽取，無不有火生出。火無形體，善於變化，所以能以其功能藏於萬物之中，而又能生成萬物。從人的生理來說，形骸五臟六腑十二經絡，獨以心火為君，命火為臣，方能助生化食，資養骨肉。此火不調，則百病生；此火一散，則百骸廢。人初死之時，形骸俱在，獨此火氣一去，則構成形體的四大要素土、金、水、木，就都潰散了。這是以火為五行的宗主，並視其為事物運動變化和生命的泉源。

總起來說，方氏易學的五行觀，以五大元素解釋自然現象的特徵及其性能，以五行互藏互化的觀點考察物質世界運動變化的過程，說明世界的多樣性和統一性，從而將易學中的五行學說發展到了一個新的水平，也大大豐富了張載以來的氣論哲學，產生了重要影響。

(九) 神 化

在易學史上，神的基本涵義是指微妙的變化。這一意義的「神」往往與「化」相聯併提，合稱神化。

以「神」表示微妙的變化，也始於《易傳》。《繫辭上》說：「陰陽不測之謂神」。奇偶之數和剛柔爻象，其變化微妙，難以推測，所以稱為「神」。就揲蓍求卦說，事先不能預定求得某卦，其後果也不能預先確定，此是陰陽不測；就爻象的變化說，事先也不能確定某爻為老陰或老陽，此亦是陰陽不測。此種變化莫測的性質，《易傳》就稱之為神。《周易》所講的變化之道，就意味著陰陽變易神妙莫測，所以又說「知變化之道者，其知神之所為乎」！神是與變化相聯繫的，它既表示陰陽變化的不測，又表示萬物變化之妙，所以《說卦》稱：「神也者，妙萬物而為言者也」。能夠窮盡萬事萬物的微妙變化，就達到了最高的精神境界，這就是《繫辭下》所說的「窮神知化，德之盛也」。

韓康伯註《易傳》，更明確地將神同變化聯繫起來，提出「言變化則稱乎神」的命題，認為卦爻的變化以及雷風水火的變化，天地的運行，萬物的動作，都是自造自化，自然而然，既無造物主支使，也不以人的主觀意志為轉移。此種事物變化不為而自然的性質，就稱為「神」。神指變化的原因神妙莫測。孔穎達基本上是發揮韓註之義，也以事物變化的道理不知其所以然而然，自然而然，神妙莫測，稱為「神化」，所謂「言神化亦不為而自然也」。這種觀點，對宋明易學中的神化學說起了一定影響。

宋代張載論神化最詳。他把事物變易的法則歸結為「神化」二字，並在《正蒙》一書中專門寫有《神化》篇。認為物質世界變易的法則和過程，其內容包括神和化兩個方面：神指運動變化的性能和泉源，化指運動的過程和形式。神和化是相互聯繫的。他以體用關係說明神和化的關係。神是氣固有的運動變化的本性，化是氣運動變化的自然過程；前者為體，是內在的根據；後者為用，是外在的表現；但二者又是統一的，皆統一於氣。氣何以有神的本性和化的過程？張載又提出了「一故神，兩故化」說，認為原因就在於氣是對立的統一體。因其包含有對立的陰陽二氣，所以其變化的過程總是一陰一陽、一聚一散、一屈一伸相互推移，此即「兩故化」，「推行有漸為化」。因其為統一體，所以其變化的根源神妙莫測，此即「一故神」，「合一不測為神」。總之，神和化都是氣所固有的本能。此種神化說，是對易學中辯證思維的進一步發展。

王夫之全面闡發了張載的神化學說，以神為陰陽二氣變化的動因，一切變化的根源；化為二氣變化的形式和過程，乃神的表現。但神作為動因，具有不測之妙；化作為形式和過程，又有其規律性或必然之理。不測之神即存在於此變化的形跡及其條理之中，二者不可分離。從易學史上看，王夫之的神化說，主要辯論了神的不測性質。概括地說，陰陽二氣屈伸聚散出於無心，其後果非人的智力所能預測；其交相配合而成象成形成物成人，也是無心而為，「聽其適然之遇」（《周易外傳．繫辭上》），完全出於偶然的恰合，其結果難以預料，所以說不測。但陰陽變易又有其固有的過程和規律，既非人的智巧所能測，亦非人的私心所安排。這既肯定了偶然性在變易中的地位，又肯定了其變易有其必然即規律性，將偶然與必然統一起來，既否定了創世說，又打擊了命定論。王夫之又認為，此種陰陽變易雖有固定的規律，但沒有固定的形式，陰陽往來屈伸，絪緼融合，總是無方無體，變動不居，不限於一種形式，所以其變動神妙不測，不能以某種不變的模式來觀察事物變化的過程。這又在承認確定性的基礎上，提出了非確定性的原則。這在思想史上是少見的。總之，王夫之的神化學說，閃爍著辯證思維的光芒，其對世界變易性的論述，無論廣度還是深度都超過了前輩學者的水平，是一份十分珍貴的文化遺產。

三、易圖學

以各種圖式解說《周易》原理，表達易學思維，始於宋代的圖書之學。經過宋元到明代，此種學風愈演愈烈，逐步形成了易圖學。北宋創造的易圖，最有影響的是黑白點河圖、洛書，先天圖周敦頤的太極圖；元明時期又流行陰陽魚太極圖，受到熱烈的稱贊，並逐漸被視為太極圖的正宗。以下分別作一介紹：

㈠ 河圖、洛書

河圖、洛書是一種古老的傳說，見於文字記載的，最早是《尚書．顧命》篇，說的是周康王即位大典時，殿堂內陳列著各種玉器，其中一件就是「河圖」。據鄭玄註，河圖之下有「洛書」二字。河圖、洛書大概是作為一種文物，成為帝王傳位的一種寶器。《論語．子罕》記載，孔子曾慨嘆說：「鳳鳥不至，河不出圖，吾已矣夫。」是說，鳳鳥沒有飛來，黃河裡也沒有出現圖，我的事業沒有希望了。這是認為河圖是一種祥瑞現象。同樣，《管子．小匡》也以「河出圖，洛出書，地出乘黃」，為過去人主受命為王的三種祥瑞。直到戰國時期成書的《易傳》，纔開始把河圖洛書同《周易》聯繫起來，說：「河出圖，洛出書，聖人則之。」但河圖、洛書究竟是甚麼東西，「聖人則之」又去幹甚麼，《繫辭》並沒有說。西漢末年，揚雄把河圖洛書視為《周易》的來源，劉歆則認為伏羲根據河圖畫八卦，大禹依據洛書作《洪範》。但河圖本身是何樣子，他們都沒有講出來。東漢鄭玄則說河圖、洛書是兩種書籍。直到宋朝初年的象數學派，方為河圖洛書制定了黑白點的圖式，用來解說《周易》原理。

劉牧繼承陳摶的易學，著《易數鈎隱圖》，稱漢代的五行生成圖為《洛書》，九宮圖為《河圖》，並以黑白點的圖式表示出來（白點表示奇數，黑點表示偶數），創立了河洛之學。錄其圖式如下：

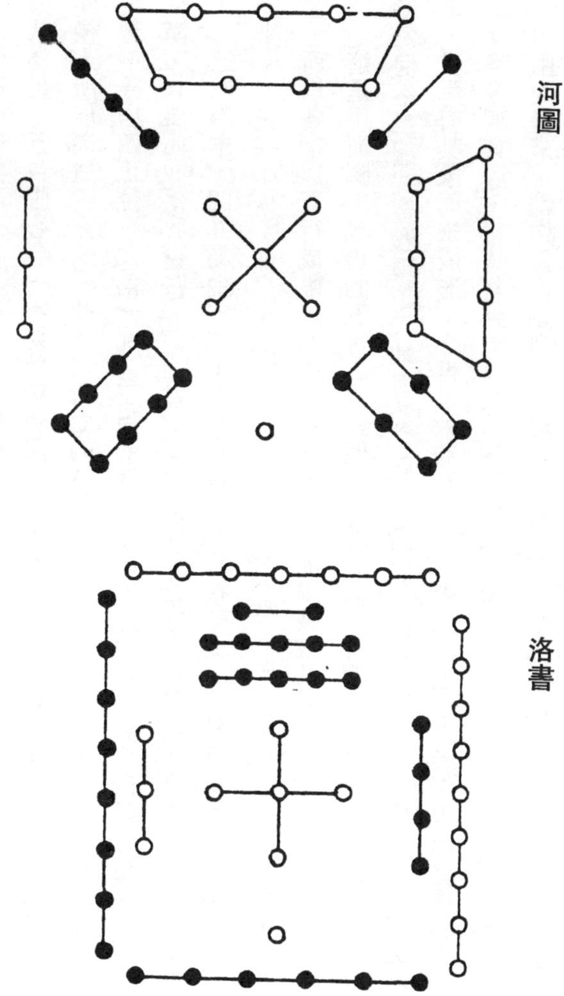

劉牧提出河洛圖式，目的在於說明八卦之象的來源。他認為，卦象是由數產生的，沒有數，《周易》的卦象就失去了根基。而易數就包含在河圖、洛書之中，其數目的排列和組合，便得出四象和八卦。他說，河圖之數的排列是「戴九履一，左三右七，二與四為肩，六與八為足，五為腹心」（《易數鈎隱圖》），縱橫數之，皆為十五，合於天地自然之數，並非後人所能偽造冒充的。此九宮所處的方位，也是五行生數和成數所處的方位，即一三七九陽數，分居四正位，九南一北，三東七西；二四六八陰數，分居四隅之位，二居西南，四居東南，六居西北，八居東北；五居中央。四正之數與四隅之數相配，即一六為水，二七為火，三八為木，四九為金，其中五配十為土。劉牧認為，八卦就是由河圖中的五行生成之數而來。「天一生坎，地二生離，天三處震，地四居兌」（同上），但是孤陰不生，獨陽不發，所以各配以五行成數，則生乾、巽、艮、坤，共成八卦。

這是用河圖所包含的五行之數說明八卦的來源。那麼，為甚麼還要講洛書呢？劉牧說，雖然河洛二圖式皆體現了天地自然之數，但河圖之數為四十五，中央土十之數畢竟未畫出來，表示有其象而未成形；洛書之數為五十五，中五配土十之數，表示已成其形。河圖示其象，洛書陳其形，意味著卦象以及萬物的形成由微到著，由象到形，所以二者缺一不可。

由此看來，劉牧創造黑白點河圖、洛書，是企圖將漢易中的九宮說、五行生成說和《周易》的天地之數、大衍之數結合起來，以五行生成說解釋《周易》原理，從而提出一個世界圖式，用來說明世界的形成和結構。

劉牧的河圖、洛書學說，當時就遭到了阮逸的反對。他偽造了一部《關朗易傳》，說五行生成圖是河圖，九宮圖是洛書。南宋蔡元定在朱熹支持下作《易學啟蒙》，取阮逸說，指責劉牧改換兩圖的名稱，是搞錯了。後來，蔡氏所定的河洛圖式，由於以朱熹的名義載於《周易本義》和《易學啟蒙》中，便成為南宋以來流行的說法。

(二) 先天圖

前面說過，邵雍提出先天學，創立了宋易中的數學派。他以《易傳．說卦》中的「天地定位」章為先天八卦方位，「帝出乎震」章為後天八卦方位，認為漢易中乾南坤北、離東坎西的圖式乃伏羲所畫，稱為先天圖；漢易中離南坎北、震東兌西的圖式乃文王之易，是伏羲易的推衍，稱為後天圖。他特別推崇先天圖，以其雖無文字，卻包含陰陽終始之變，天地萬物之理，是《周易》的基本原理，先於《周易》一書而有，所以其易學又稱為先天學。

邵氏所說的先天圖，究竟有哪些，共有多少，已不可詳考。這裡，僅就朱熹《周易本義》所列四種先天圖式作一介紹。

為了說明八卦的起源和六十四卦的形成過程，邵雍制有八卦和六十四次序圖。他認為，八卦和六十四卦來源於奇偶之數。按照邵雍的解釋，太極為一，動則生出奇偶二數，分為陰一陽兩畫；陰陽之上各分出一奇一偶，就成為太陽、少陽、少陰、太陰四象，這四象之上再各分出一奇一偶，就得出八卦。這樣「一分為二，二分為四，四分為八」，就是《周易》所說的「太極生兩儀，兩儀生四象，四象生八卦」。以圖示之如下：

伏羲八卦次序圖

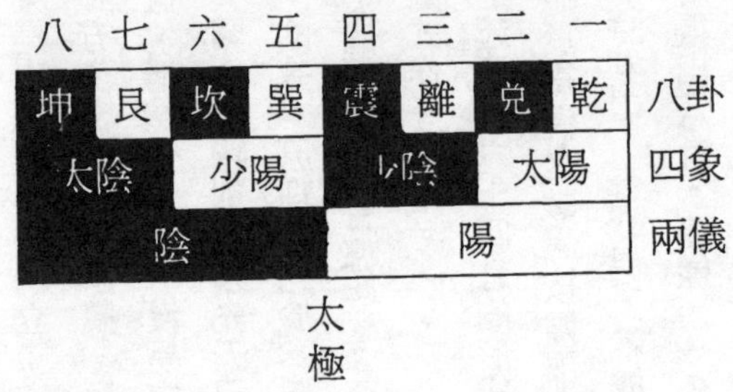

八卦再一陰一陽地推衍下去，「八分為十六，十六分為三十二，三十二分為六十四」，就得出六十四卦。畫成圖，則是伏羲六十四卦次序圖，如下：

伏羲六十四卦次序圖

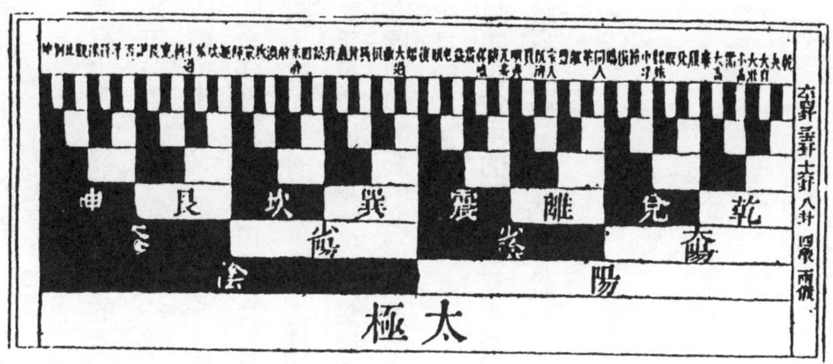

六十四卦再加以推衍，六畫之上再各生出一奇一偶，便得出一百二十八個七畫卦，如此以至於無窮。

此種過程也是世界萬物形成的過程。邵氏認為，天生於動，地生於靜；天分陰陽，地分柔剛；陰陽又分為太陽、太陰、少陽、少陰，太陽為日，太陰為月，少陽為星，少陰為辰，此即天之四體；柔剛又分為太柔、太剛、少柔、少剛，太柔為水，太剛為火，少柔為土，少剛為石，此即地之四體。由天之日月星辰又生出暑、寒、晝、夜，由地之水火土石又生出雨、風、露、雷。暑寒晝夜變化萬物的性情形體，雨風露雷化育走飛草木，從而生出動植物；而人兼乎萬物成為萬物之中最聰明者。這種學說視天地萬物的形成為類與種不斷分化的過程，強調層次與類屬的關係，既講宇宙發生的程序，又具有宇宙構成論的意義。這在古代哲學上是少見的。

為了說明宇宙中的萬物總是處於陰陽推移的變易過程之中，邵雍還制有八卦和六十四卦方位圖。照他的解釋，伏羲八卦方位圖（如左）中，乾為天，左半圈由下而上表示陽氣生

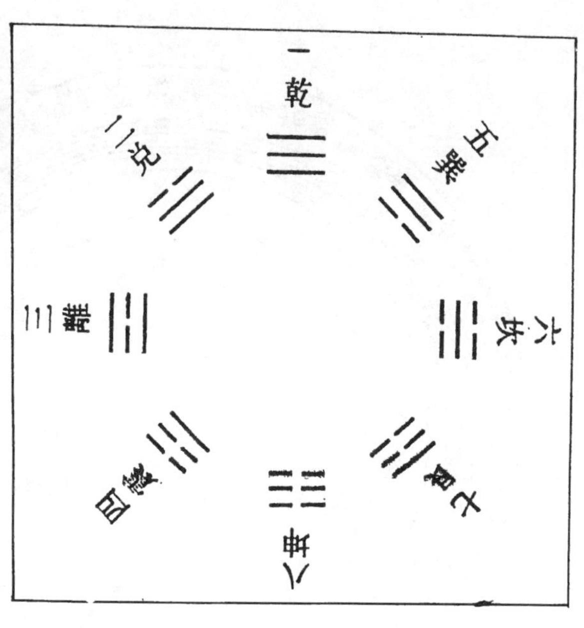

長，闢戶而始生萬物；坤為地，右半圈由上而下，表示陰氣增長，闔戶而收藏萬物。離為日，起於東方；坎為月，生於西方。天地闔闢，形成春夏秋冬；日月出沒，形成晝夜長短、晦朔弦望。也就是說，一年四季天地萬物的生成變化乃陰陽二氣互為消長的過程。將此圖式加以推衍，就導出了伏羲六十四卦方位圓圖。其圖式如左：

伏義六十四卦圓圖

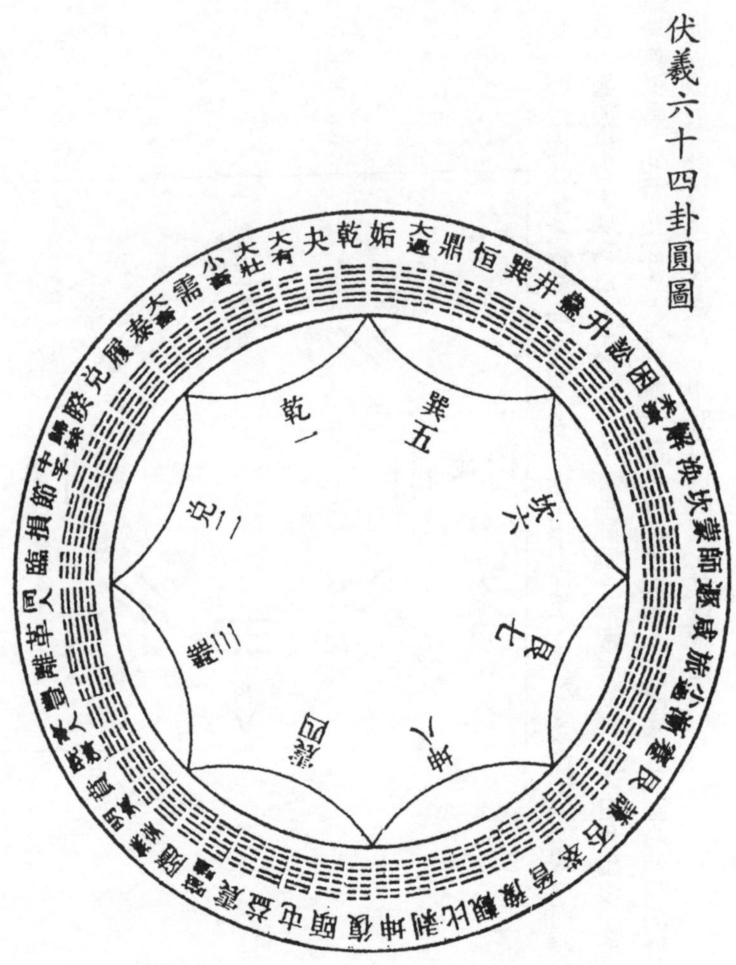

此圖左半圈從復卦到乾卦為陽長陰消的過程，右半圈從姤卦到坤卦即陰長陽消的過程。復卦表示一陽生，至臨卦表示二陽生，至泰卦為三陽生，大壯為四陽生，夬卦為五陽生，至乾卦為六陽生，乾為陽極盛，表示一年四季之中萬物的極盛時期。其次為姤卦表示一陰生，至遯卦表示二陰生，以至坤卦為六陰生，坤為陰極盛，表示一年節氣變化的終結。以後復卦一陽復生，新的一年又接續而起，如此循環無窮。將此種卦氣說加以推衍，又以陰陽消長為宇宙一切事物發展變化的普遍規律。

邵雍論伏羲六十四卦方位圖；除圓圖之外，還提出方圖。將大圓圖中的六十四卦，從乾開始，分割為八個段落按，八個層次，從下向上排列，即是方圖的結構。圓圖象天，方圖象地，天圓而地方，天地本相函。於是，六十四卦方圖置於六十四卦圓圖之中，又形成一外圓內方的方圓合一圖。其圖式如左：

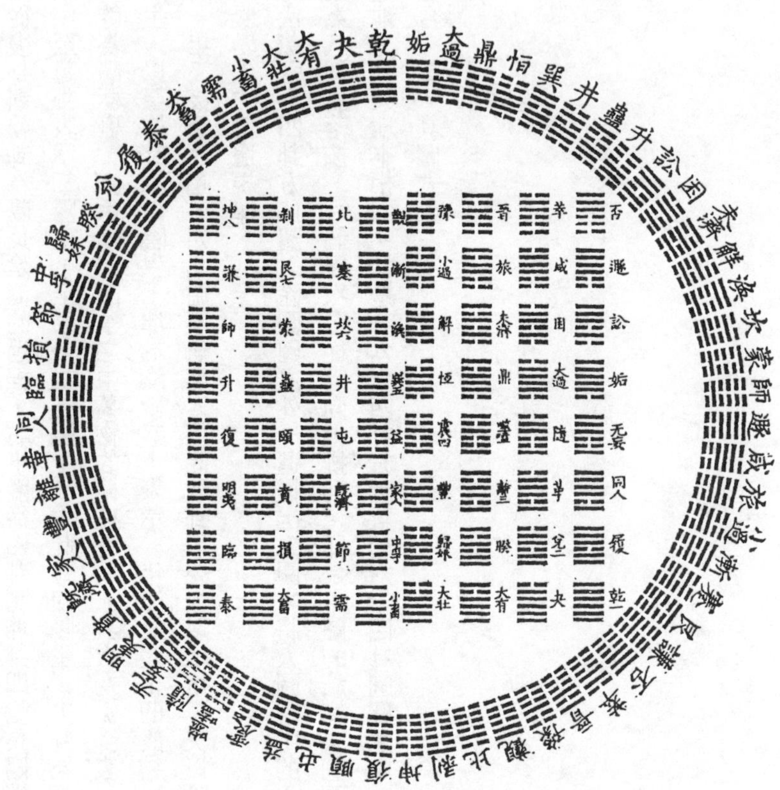
否 遯 訟 姤 无妄 同人 履 乾一
萃 咸 困 大過 隨 革 兌二 夬
晉 旅 未濟 鼎 噬嗑 離三 睽 大有
豫 小過 解 恒 震四 豐 歸妹 大壯
觀 漸 渙 巽五 益 家人 中孚 小畜
比 蹇 坎六 井 屯 既濟 節 需
剝 艮七 蒙 蠱 頤 賁 損 大畜
坤八 謙 師 升 復 明夷 臨 泰

按朱熹的解釋，圓圖重點在於講陰陽流行，方圖重點在於講陰陽定位。前者是就時間過程說的，後者是就空間方位說的。據此，方圓合一圖可以說是宇宙的時間與空間的模式，用來表示天地萬物和人類的生活都處於此時間和空間的模式之中，這就是邵雍先天圓的哲學意義。

㈢ 周敦頤太極圖

宋明道學的創始人周敦頤，深通易理，傳授陳摶的象學，而又將陳摶派的易學加以改造，納入儒家系統。據說，他受陳摶所傳無極圖影響，制作了太極圖，以此解說《周易》的基本原理。南宋初年，朱震為宋高宗講解經書，把許多易圖獻給朝廷，稱為《漢上易卦圖》，其中有周敦頤的太極圖。其圖式如左：

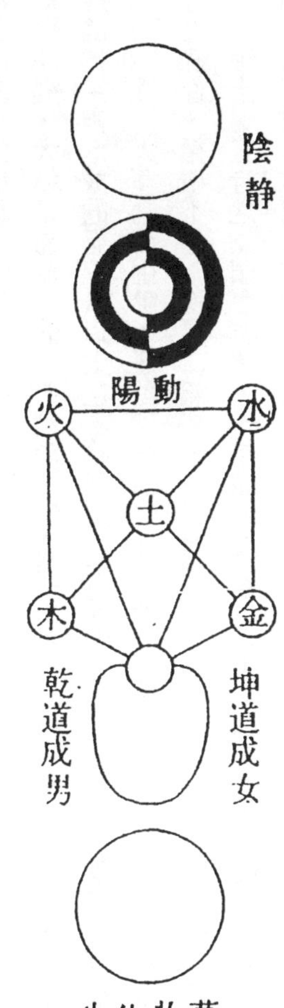

南宋初楊甲《六經圖》中亦錄此圖式。周敦頤於圖之外，還著有一篇《說》，用文字說明太極圖所表示的道理，合稱《太極圖說》。

前面說過，太極是易學中的重要範疇，漢唐以來多有論述。但《太極圖說》不講筮法，而直接論述宇宙形成的過程，以太極為陰陽二氣混沌未分的狀態。他認為太極元氣含有運動和靜止的本性，太極動而生陽，運動到極點就靜下來；靜則生陰，靜到極點又動起來。一動一靜互為條件，循環不止；陰陽二氣相分，天地就確立起來了。陰陽變化，相互配合，就生出水火木金土。五行之氣順序布署，一年四時就運行起來。陰陽五行的精華巧妙結合，構成萬物的本質，並分為男性和女性，男女二性相互交感，萬物就產生了。於是，萬物生生不息而又變化無窮。而人稟受陰陽五行之中最精秀的氣，成為萬物之中最神明智慧者。因此，人應該把自己修養成道德完善的人。最後指出，人若能懂得宇宙生化萬物的法則，明白了生死的道理，即人的生命來源於二五之精，死後又歸於陰陽五行之氣，就達到了一個非常高的精神境界。

這就為儒家哲學提供了一個完整的宇宙論體係。承認天地萬物的形成經歷了一個由元氣到陰陽二氣（形成天地），再到五行（形成四時），最後產生萬物和人類的演化過程，進一步發展了漢唐易學中的太極元氣說。周敦頤在玄學、佛學盛行之後，重新肯定漢唐的元氣論學說，提出一個簡明而又系統的宇宙觀，這是他的一個貢獻。但周氏又在「太極」之上安了一個「無極」的階段，這就是《太極圖說》的第一句：「自無極而為太極」。無極，指虛無實體。以「無極」作為太極元氣的根源，又是宣揚虛生氣說，是受了道教有生於無說的影響。值得注意的是，周敦頤以陰陽動靜解釋太極和兩儀的關係，是一個創見。太極如何生出兩儀？漢唐易學都沒有講。周氏提出「動而生陽」，「靜而生陰」說，認為太極能動能靜，即由元氣自身的運動和靜止，分化出陰陽二氣；並且認為此分化過程中，運動和靜止相互依存，陰陽二氣既相輪替，又相對待。這種陰陽動靜觀吸收了漢易中的陰陽消長說，含有辯證的因素，對宋明易學中的太極觀起了很大影響。

南宋時期，著名理學大師朱熹極力推崇周敦頤的太極圖和「太極圖說」，並花了很大精力對圖說進行整理和註解。朱熹將《太極圖說》首句改為「無極而太極」，認為「無極」表示太極之理沒有形跡，沒有極限，在太極之上再沒有另外甚麼東西。並且認為此圖式中「陰靜在上，陽動在下」，不盡符合《太極圖說》原意，於是又對圖加以修正。錄其圖式如左：

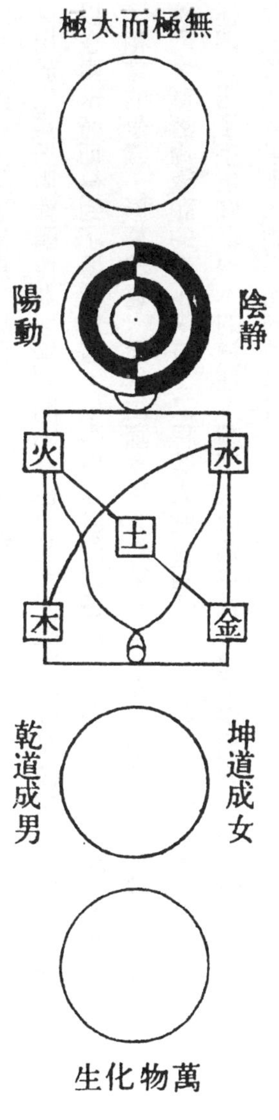

此圖說的內容，經過朱熹的解釋，又將宇宙論引向了本體論。

由於朱熹把周敦頤作為理學的開山鼻祖，其《太極圖說》又被推為周氏最重要的著作，所以在南宋時期得到了廣泛傳播。朱熹所修訂的太極圖成了宋元明清時期的標準圖式，也引起了相當的爭議，影響深遠。元代由國家建立的第一個國家級書院，就叫做「太極書院」。書院內供奉著周敦頤的像，朱熹、二程等人站在兩旁。明代曹端、薛瑄等著名儒者，都認為太極圖說出了宇宙間最根本的道理，讀了太極圖也就明白了學問的根本。《太極圖說》也就順理成章地成了士人們必讀的教科書。

(四) 陰陽魚太極圖

我們平常所說的陰陽魚太極圖，就目前所見到的材料看，較早出現於明朝初年趙撝謙所著的《六書本義》中，趙氏稱為天地自然河圖。錄其圖式於左：

乾
兌
巽
離
坎
震
艮
坤

據趙撝謙說，這個圖式傳說是蔡元定在四川青城山的一位隱士那裡得到的，但秘而不傳，連蔡氏的老師和好朋友朱熹也沒有看到，至於他自己，是從陳伯敷那裡得到的。他仔細玩味這個圖式，感到「有太極含陰陽；陰陽含八卦自然之妙」。八卦就是根據這個圖畫出來的。

依據趙撝謙的領會，此圖式是對「易有太極，是生兩儀」一段話的解釋。其中涵蘊著豐富的哲理。其一，圖中黑白兩條魚形環抱為一體，乃陰陽二氣絪縕之狀，表明陰陽既相對立，又相依存，不可分離，任何事物都有陰陽兩個方面，無孤陰獨陽的事物。白魚頭中的黑點，黑魚頭中的白點，又表示陽中有陰，陰中又有陽，陰陽相互交錯，天下無純陰純陽的事物。

其二，此圖式採取圓形，表示陰陽又處於相互流轉的過程，即是說，用來表示陰陽相互推移或相互消長的過程。周圍配以先天八卦方位，其目的在於以卦象中陰陽爻象的變化表現陰陽二氣相互消長的過程。乾卦純陽之象，如圖式註所說「居純陽地」，表示陽盛，故居於圖的上方，陽魚之上；坤卦為純陰之象，表示陰盛，故居於圖的下方，陰魚之下；陽魚之尾居圖下方，表示陽起或陽消；陰魚之尾居圖上方，又表示陰起或陰消，離卦居圖左方，二陽夾一陰，如圖式註所說「對過陰在中」，指陽魚懷中抱有陰魚之身，即離卦象，表示陽長，故處於陽魚之腰部；坎卦象居圖右方，二陰夾一陽，表示陰長，故處於陰魚之腰部。圖中左白部份，從震卦☳一陽生，經離兌兩卦二陽增長，到乾卦☰三陽極盛，為陽息的過程；右黑部分，從巽卦☴一陰生，經坎艮兩卦二陰增長，到坤卦☷三陰極盛，為陰息的過程。陽極而陰生，陰極而陽起，如此循環不已。此圖式中，陽魚尾處繼之以陰魚之身，陰魚尾處繼之以陽魚之體，即表示陰陽流轉，無始無終之義。此陰陽相推之象，也是一個變化的過程，表示一陰一陽處於動態的境地。以此為太極之象，在於說明以太極為本體的天地萬物，處於永恆的運動變化之中。

其三，此圖式中，陰陽二魚首尾環抱，又有陰陽互補之義。陽魚下身表示陽消，則補以陰魚上身；陰魚下身表示陰消，則補以陽魚上身。此種互補思維被易學家稱為相反而相成，或相資相濟。但此種互補是陰陽流行中的互補，如圖中所示，陽消時補之以陰，陰消時補之以陽。這種互補，也可以說是相互促進，即互動，在互相推動中相互補充共同發展。

其四，此圖式陰陽的總量各半，相互對應，如陽居左，陰居右；陽魚頭依偎陰魚尾，陰魚頭依偎陽魚尾；乾卦上對坤卦下，離卦左對坎卦右等，呈現出一種均衡與和諧的狀態。此圖式以陰陽均衡與和諧圖象形容太極，充分體現了易學所追求的太和價值理想，即事物發展的高度和諧的最佳境界。這是易學思維的一大特徵。

總之，此種圖式是以陰陽合一為中心觀念，以世界為陰陽對立面互動和互補的過程，認為事物總是在均衡與和諧的境地中發展。此種思維方式，注重兩元互補和互動，引導人們在兩元對待中尋找中道，並促使其走協調共濟的道路，而避免走抗爭和分裂的道路，可以補兩元對抗和相爭思維之不足。

趙撝謙所公布的這個陰陽魚圖一問世，就受到了廣泛的重視。宋濂《河圖洛書説》，張宇初《先天圖論》都描繪過這個「陰陽相含」，「黑白交錯」，「其中八分之以為八卦」的陰陽魚圖式。明代後期，章潢收集各種圖式，作《圖書編》，以陰陽魚圖居首，稱之為「古太極圖」，並熱烈地加以贊揚。明末趙仲全在《道學正宗》中亦錄有此圖，同樣稱其為「古太極圖」。清初胡渭作「易圖明辨」，既稱之為天地自然之圖，又稱為古太極圖，亦極力稱頌此圖的美妙。大概由於此陰陽魚圖所蘊涵的豐富的理論思維，並集中體現了中國哲學中真善美相統一的原則，而被多數人所接受，認定似乎只有它纔是太極圖，宋明時代所說的太極圖，即周敦頤的太極圖，卻被忘到腦後去了。

第四章　易學中的思維方式

研究易學，按照從具體到抽象的思維走下去，最後留給人類的成果，莫過於其中的思維方式。

思維方式是人類觀察世界、認認世界，從而指導自己改造世界的思想方法。人類的進步、社會的文明，在物質方面表現為生產工具的發展；生產技能的提高、財富的積累、生活水平的提高等等，其中最為集中的表現是生產力的發展；在精神方面表現為文化水平的提高、倫理道德觀念的發展、對自然社會和思維規律認識的深化等等，其中最高的表現是思維式方的科學化。因此，思維方式雖然不能給人們提供具體的知識，看起來好像無所事用，但卻可以給人們提供通向知識的道路，啟發人們的智慧，引導人類走向文明。這是一種永恆的價值。所以，揭示《周易》及其研究中的思維方式是我們研究易學的重要目的之一。

《周易》及其研究展示出了諸多思維方式，其中具有一定價值的有五種，即直觀思維、形象思維、象數思維、邏輯思維和辯證思維。

這五種思維方式各有自身的特點，各有自身的功用，相互之間不能代替，但從人類思維方式的發展進程來看，前兩種屬於初級的思維形式，運用於感性認識階段，後兩種屬於高級的思維形式，運用於理性認識階段，而第三種是由初級形式向高級形式過渡的思維形式。由於人的思維是一個復雜的感性認識和理性認識交融一體的過程，所以五種思維方式的運用在

《周易》及其研究系統中難分難解。為了敍述的方便，我們只好把它們分解開來。《周易》的表現形式是象和辭，《周易》的內蘊是義和理。象分為爻象和卦象；辭分為爻辭、卦辭和卦名；義與理是象、辭所象徵的諸種事物中包蘊的意義及道理，是貫通象、辭及天地萬物之中的游魂，也是《周易》研究所要揭示的內蘊。

以求索義理為宗旨，五種思維方式交互使用，往復游刃於象、辭及天地萬物之間，是易學思維的基本特徵。

一、直觀思維

直觀思維，是以感官的直接感受來體認、判定事物及其發展趨勢的一種思維形式，它以直接感受的事物整體為體認對象，以以往的直觀經驗為判別尺度，對事物及其發展趨勢進行判別。比如，過去見大象從山崖上跌落摔得粉身碎骨，在心目中形成體驗，眼下又見大象從山崖上跌落，便自然而然地產生必然粉身碎骨的預感。

《易經》卦爻辭大多是以往經驗的記錄，用《易經》算卦，最後總要歸結到卦爻辭上，其基本思路是以以往的經驗感受預測當前事物的前途。比如履卦卦辭的意思是：踩了老虎的尾巴，老虎卻沒有傷人，所以是亨通之卦。此卦表明，有人行事之前算了一卦，得到的是履卦卦象☰☱。之後外出行事，路經草野之地，無意中踩上了老虎的尾巴，萬幸的是老虎沒有傷人。算卦人回來將這一經驗記錄在履卦卦象之下，以此說明履卦是吉利之卦。《易經》的編者以此卦卦辭為此卦卦象的驗證結果，以此卦卦象為此卦卦辭的先驗徵兆，將其編入《易經》之中，作為後人求得此卦時預測吉凶的比照例證。在《易經》編者看來，履卦卦象䷉是逢凶化吉的徵象，凡是求得此卦的人，所行之事表面看來有些風險，但其結果卻無妨礙，根據便是以往關於「踩了老虎的尾巴，老虎卻沒有傷人」的直觀體驗。

《易傳》則更進了一步，它把《易經》的形成視為聖人直觀感受的結果，說《易經》中的八卦是上古帝王包犧氏仰觀天象，俯觀地理，中觀鳥獸之紋，近處參照自身，遠處參照諸物而畫出來的，這種觀察問題的方法正是直觀思維的反映。

在《易傳》作者看來，不但八卦如此，而且整個《易經》都是古人直觀外物的結果。比如說：天高高在上而呈現出尊貴之象，地平平在下而呈現出卑賤之形，由此古人做了乾、坤兩卦，一者為尊，一者為卑。又如說：天繞地運行不止，呈現出剛陽雄健之勢，地居中而恆常不動，呈現出順隨柔弱之性，這種一動一靜的常規引出了剛柔之間的區分；人以類聚，物以群分，不同種類的人物呈現出生死興衰的不同結局，從而顯示出了吉凶之間的差別；天上形成風雷雲雨之象，地上形成山河草木之形，天地萬物都隨著時間的推移而推移，因此展示出了運動變化。由此古人用八卦象徵雷霆風雨、日月寒暑，以乾象徵男而以坤象徵女，以乾作為萬物肇始之祖，以坤作為萬物成功之母。

正因為《易傳》作者認為，《易經》是人們仿照自然、人世中的各種現象編製出來的，是對自然、人世各種現象觀察描摹的產物，所以他們在說《易經》中的一些名稱和描述《易經》的形成過程時，經常使用與直觀思維相照應的詞語。比如《繫辭上》解說「象」與「爻」這兩個名稱時說：聖人對天下事物的形跡有所認識，摹擬事物的外貌比照事物的稟性而畫出了《易經》的符號。因為這些符號是對事物外貌和稟性的摹擬和比照，所以稱之為「象」。聖人對事物的運動變化有所認識，觀察事物相互溝通的關係，製訂出了一些行事的規矩，用符號「一」與「--」的關係表述出來，同時附上語詞說明，用以判斷事物的吉凶，所以稱《易經》中的「一」與「--」為「爻」。「爻」也就是變化會通的意思。《易經》是對天下事物的摹擬，而天下事物的形跡是不可違背的，天下事物的變化秩序是不可顛倒的，所以必須仿照天下之事物而後言，必須遵循天下之事物而後行。仿照、遵循要有個認識過程，也就是擬議的過程。經過擬議，認識了事物的變化，從而才得以用《易經》的形式推演變化。在這段論述中，《易傳》使用了「擬諸其形容」、「象其物宜」、「觀甚會通」、「擬議以成其變化」等語詞，都帶有通過直接觀察、模仿而認識事物外貌和整體的色彩。這些色彩正是直觀思維的特徵。

有鑑於以上認識，所以《易傳》作者主張「觀象玩辭」，即通過觀察卦爻象和卦爻象象徵的物象，揣摩卦爻辭所言的具體事物，以此判定眼下事物的趨向。比如《易經》「中孚」卦九二的爻辭說：老鶴在樹蔭下鳴叫，小鶴也鳴叫應和，好像兩鶴對語，說「我有好酒，與你共享之」。《象傳》在解釋這段爻辭時，將小鶴應和老鶴的鳴叫說成是發自內心的意願。《繫辭傳》則有了更進一步的說明，認為君子言善則遠近皆應，言之不善則遠進皆違。把老鶴鳴叫與小鶴應和說成是言善順應的象徵。這種從卦爻辭所言的具體事物中直接引出生活教訓的解釋，顯示出了「觀象玩辭」中的直觀思維的特徵。

《易傳》中「觀象製器」說的直觀思維特徵更為明顯。《繫辭》說伏曦結繩造網用以漁獵，是受了離卦䷝卦象的啟發；神農製造來耒耜用以耕作，是受了益卦䷩卦象的啟發；黃帝、堯、舜教人們縫合衣服是受了乾䷀、坤䷁二卦卦象的啟發；刳木為舟、剡木為楫，是受了渙卦䷺卦象的啟發。如此等等，《繫辭》稱之為「觀象製器」。所說的「觀」，是指對事物的觀察或模擬，亦即直觀；「象」，指卦象或卦象象徵的物象。從觀象出發，以斷定吉凶，探求意義，製器造物，都是直觀思維的表現。

直觀思維以事物外在整體形象為中介，具有表面性、膚淺性和簡單性，不能認識事物的本質，更難以把握事物發展的趨勢，正像難以理解為什麼大象墮崖會粉身碎骨而羽毛墮崖卻安然無恙一樣。雖然如此，它在人類認識過程中卻是難以避免、難以超越的思維形式，因為無論是早期人類認識世界，還是成熟的人類認識新事物，首先接觸的是有關事物的外表，給人的第一印象也是外表。這種外表的印象既是對事物的第一認識，又是進一步認識事物的起點。只有在這種表面的認識積累到一定程度，人們才能剝開事物表層，進入深層認識。人們要想求得真知，不是要繞過或拋棄這種思維方式，而是要正確認識這種思維方式的使用範圍及其局限性。在使用它的時候，不要把它的結果當成真知，而僅作為求得真知的橋樑，由此可以為進一步探求真知奠定基礎。

二、形象思維

形象思維是直觀思維的深化。它與直觀思維的共同之處在於，兩者都以事物的形象為思維過程的媒介。不同之處在於，直觀思維往往以事物的整體印象去比照、衡量另一種事物，具有整體平移的特點，而形象思維則不局限於事物的整體，它往往通過對事物印象的再現、拆卸、組裝去體會事物中包含的意義，甚至於創造新意。比如，人們看見鳥憑借翅膀飛翔，便想像出長著翅膀會飛的人來。

《周易》特別注重形象，認為形象之中具有深刻而豐富的蘊意，有的蘊意難得用概念表達出來，只能體會，不可言傳，所以形象比言語具有更強的蘊義和表意功能。此即《易傳》所說：「聖人立象以盡意」。《周易》用卦爻象及其所象徵事物的形象判斷眼前事物的情況，正是這種思路的反映。

《易經》原本是算卦書。按照它的成書程序，應是先有爻象「⚊」、「⚋」，後有八卦之象，再有六十四卦之象。在已有卦象可以算卦的前提下經過算卦的實踐，之後才附上了卦爻辭的。雖然所附的卦爻辭並不反映卦爻象的蘊義，但是肯定原本的卦爻象本身是有其蘊義的，因為沒有蘊義便不可能用來推斷事物。也就是說，《易經》的創製者，在《易經》正式成書之前的很長歷史時期，是通過卦爻象來預測和判斷事物的。這便是形象思維的萌芽。而從《左傳》等古籍的記載中也可看出，古人在用《易經》算卦時，分別賦予了八卦以象徵意義，以乾☰象徵天，以坤☷象徵地，以震☳象徵雷，以巽☴象徵風，以坎☵象徵水，以離☲象徵火，以艮☶象徵山，以兌☱象徵澤，並以此作為推斷六十四卦的象徵意義。這是形象思維在《易經》運用中的具體表現。

《易傳》大大發揮了《易經》的形象思維，不僅賦予八卦以更多的象徵意義，而且進一步用八卦在六十四卦中的相互關係來推斷事物的前景。比如否卦䷋與泰卦䷊都是由乾☰和坤☷上下構成。否䷋是乾☰上坤☷下，泰䷊是坤☷上乾☰下，在《易傳》作者看來，乾☰象徵天，坤☷象徵地。否卦䷋之中乾處上而坤處下，象徵天氣不下降而地氣不上升，天地不相交。天地不相交則萬物不生長，是閉塞不通的氣象。因此「否」是閉塞之象。據此，《易傳》告誡人們，遇到否卦時應當退隱避難，崇尚簡樸，不可貪圖榮華富貴。泰卦䷊之中乾☰處下而坤☷處上，象徵天氣下降而地氣上升，天地相交。天地相交則萬物叢生，是諸事亨通的氣象。因此「泰」是亨通之象。據此，《易傳》告訴人們，君王遇到此卦時應當順天應時，助民耕桑。這都是根據卦象來判定事物前景的。

漢代之後的易學對形象思維的貢獻主要有兩點：其一是就形象與義理的關係進行了長期的討論，提出了許多觀點，比如魏晉時期的王弼提出了象生於意的觀點，宋代的程頤提出了借象以顯意的觀點，等等。這一討論促進人們對形象思維做理論上的探討。其二是開創了易圖思維。

易圖，是用以解說《周易》內蘊而畫出的圖像，比如《八卦方位圖》、《卦氣圖》、

《河圖》、《洛書》、《太極圖》、《陰陽魚圖》等等。

易圖思維，是根據易圖不同部位、不同符號及其相互之間的關係，構想事物相互之間的關係以及由這些關係造成的事物發展變化的思維方式。

比如，《陰陽魚圖》，在一個圓圈中卷縮著兩個黑白有別、首尾相銜、環抱一體、塞滿圓圈的魚，而每個魚的圓眼又蘊涵著陰陽魚環抱的內容，以此類推，以至無窮。整個圖形簡捷而明晰，其中卻蘊涵著作者一定的想象和意念，並且能夠激發觀者更為豐富的想象和意念。擇要而言：圖的外圈可以表示整個宇宙，因為宇宙混沌一體、無邊無際，其變化極而復返、循環無端，只有用圓來象徵；圓中黑白兩色可以表示天地相分、陰陽相分、一中有二、一分為二，魚眼中可以領會為又是一個《陰陽魚圖》，以此類推，以至無窮，可以表示宇宙至小無內，反過來又可以體會宇宙至大無外，把外圈當成更大的陰陽魚的眼睛；二魚環抱一體，大頭細尾，相銜相續，給人以首尾交替、游動不息的感受，可以展示宇宙內部的天地、陰陽運行不息、循環交替。如此等等，以一蘊萬，以靜顯變，人們循其圖象而引發思考，生出種種體會和感受來。這是易圖思維的特徵。

形象思維的局限在於它僅僅把認識停留在事物的外在聯繫上，難以認識事物的內質和事物之間的共性。比如，如果不進行分析和推理，僅僅看到一個少數民族在歌舞，便很難判斷出他們激情的來源、歌舞的原因。

不過，在形象思維的領域中，卻有言語難以涉入、難以表達的意境，特別是在感受藝術形象時更是如此。正因如此，以形象思維來體悟情意就成人類不可缺少的方式，而且是一種以語言為媒介的理性思維不可完全替代的方式。

《周易》的形象思維是形象思維中的一種特殊類型，它以爻象和卦象為幅射源，以自然界及人類社會具體事物形象在人們頭腦中的印象為思維媒介，將爻象、卦象與人們頭腦中的印象對照起來，構成一種雙軌照應型的思維方式。因為爻象與卦象是有限的，客觀世界事物的形象是無限的，兩者不可能照應。這種需要照應而又不可能照應的矛盾，促使易學逐漸擴展爻象和卦象的涵義，推動易學形象思維不斷向前發展。

《周易》的形象思維，特別是其中的圖像思維方式，對中國的美學、文學理論發生了深刻的影響。它使人們認識到，上等的藝術品，不是對某種實物的模寫，其中一定會體現作者的意境。這方面在中國的繪畫和書法中表現的最為突出。

形象思維雖然在整個思維過程中都貫穿著具體的形象及形象的變化，但是其中卻蘊涵著理性的活動。它是以形象為媒介，理性、價值觀念和情感因素相互交融的動態過程，融真、善、美於一爐。由此形成了中國人思維方式的一大特色。由於其自身的局限性，它不能代替邏輯的和辨證的思維方式，否則將會阻礙科學思維的發展。

三、邏輯思維

邏輯思維，指遵循形式邏輯的法則思考問題，認識事物的思維方式。邏輯思維的法則有許多，《周易》的邏輯思維主要表現在三個方面，即分類、類推、和思維形式化。

所謂分類，指將具有相同屬性的事物歸在一起。它在認識中的作用，是從不同事物中尋找出相互聯繫的紐帶，這個紐帶便是類屬性。

分類，在《易經》中已有萌芽。比如爻象、卦象、爻辭、卦辭，各有自身的功能，相互之間存在固定的界限，分別成為一類；而爻象、卦象、爻辭、卦辭的內部又分為吉、凶、悔、吝等不同的類別。

發展到《易傳》，不但用類的觀點觀察和分析《易經》，而且將這種思維方式總結出來，形成了自覺的觀念。比如《繫辭傳》說「方以類聚，物以群分，吉凶見矣」。《易傳》認為，類是事物之所以可以相互溝通的紐帶。一個事物與另一個事物本來是相互區別的，所以從事物名稱到事物性質都各守其界，不得逾越。但從同類的角度來看，一個事物與另一個事物又相互溝通，可以逾越，由此可以由一個事物旁及另一個事物，推斷另一個事物。為此，它不再將八卦局限在八種自然現象上了，而將其擴展為八類事物的類屬性。比如以乾為剛健之性，所以它可以象徵天、君、父、馬、首、圓等等具有剛健特性的一類事物；以坤為柔順之性，所以它可以象徵地、母、牛、布、車等等具有柔順特性的一類事物。如此等等。

到易學階段，類觀念更為明確。比如宋代的朱熹在解說同人卦《象傳》的「類族辨物」一句時說：牛類是一類，馬類是一類。所謂類，就是不同事物之中含有相同的東西。因此他主張異中求同。

分類，是形式邏輯思維中最基礎的形式，正因為如此，它在人的理性思維過程中具有啟智發蒙的作用。在人類認識客觀世界的初始階段，世界在人的頭腦中是一片矇矓。隨著人類智能的提高，世界在矇矓的頭腦中漸漸清晰起來，化作了一個個的單個事物，比如太陽是熾熱的物體，月亮是陰冷的物體，這個時候可以說人對世界有了認識，但卻是極其簡單、極其表面的認識，至於事物之間的相互關係，在人的頭腦中還沒有展現出來。只有在對每個個別的事物有了分析的能力，除了對每個事物有整體的統一感受和認識之外，對事物的性質、形象、性能、功用等又有了進一步的分解認識，才能從不同事物中抽取出局部的類同之處，從而尋找出異中之同，劃分或聚合成一類。比如說，太陽在發光，月亮也在發光，知之長久，才有可能把發光的特徵從兩種東西中抽取出來，作為太陽和月亮的共同屬性，從而把二者歸為同類，稱之為發光的天體。到此才可以說對有關事物有了剝表入裡的初步認識。有了這樣的認識，也才可能做進一步的理性思維，進行類推。

所謂類推，是在分類的基礎上，用同類事物具有相同屬性的公理，以類屬性為橋樑，從已知的事物推知同類的未知事物的邏輯程序。比如，人門把雙足站立、能使用工具從事勞動的動物歸在一起，稱之為人類，並根據此部落的人須憑藉衣食生活，推測彼部落的人亦須憑藉衣食生活，如此等等。

《周易》則用八卦代表八類事物及其類屬性，並以此推導事物的變化。《易傳》稱之為

「各從其類」。

在《易傳》作者看來，《易經》用蓍草算卦是「彰往而察來」，也就是依據以往驗證之事來推斷所問未來之事。以往驗證之事之所以能作為依據去推斷所問未來之事，那是因為它們是同類事物。同類事物異中有同，所以可以從一個事物的類屬性推出另一個事物的類屬性。

朱熹將這種方法稱為「推類旁同」，在他看來，《易經》卦辭、爻辭所記載的事，是過去聖人所經驗的事。這些事不單單是一件事，其中包含著聖人已經體認出的道理。算卦時求得一卦，根據此卦包含的道理推出求問的未來之事，便是根據往事與來事中共有的類屬性進行推理。比如一人求問攀登險峰是否平安，算卦時求得了益卦，其卦辭的意思是出門有利、過河有利。之後此人便認為卦辭是告訴他說攀登險峰不會出事。這一推論也就是把過河與登山看成了同類。同類事物的類屬性不同，道理相同，因此可以相互印證。

類推的思維方式，是建立在分類基礎上的初步的理性思維方式，相對於思不離象的直觀思維和形象思維而言，它是較為深入的一種認知手段，已經可以從具體的形象中抽取出共性，並通過共性去認識新的事物，這種認識已經不完全停留在事物的表面，它走過了「具象—抽象—具象」的曲折道路，對新事物的認識比純粹的直觀思維和形象思維來的深刻。不過在《周易》的運用過程中，類推的思維方式往往會出現偏差，原因在於運用者牽強附會，把本非同類的事物當成同類看待，或者用同類事物中的非類屬性進行類推。這也顯示了作為算卦書的《周易》本身所帶有的非科學性。

所謂思維形式化，是指拋開事物的具體內容，僅以思維法則和公式去限定思維定向，衡量思維得失，不涉及所思問題的實際內容。用邏輯學的語言說，就是只管對錯，不管真假。所謂對錯，指思路是否符合思維法則和公式；所謂真假，指所思考的事物是否與實際相符合。這是形式邏輯的一大特徵，至近代，發展成為符號邏輯。

這種思維方式在《周易》中的具體表現，則是以爻象、卦象及卦爻象之間形式的變化和聯繫推斷事物的變化和聯繫。

比如，《易經》中六十四種卦象都由奇「⚊」、偶「⚋」兩個爻象組成，而兩個爻象六層相疊形成六十四個不同的符號。這整個的符號系統包含著一定的邏輯結構，雖說這些結構象徵著自然界和人類社會的變化過程，但卻並不涉及到自然界和人類社會的具體事物，它僅僅是兩種符號按六層相疊、排列組合的形式展示。這正是思維形式化的一種表現。

《易傳》對《易經》思維的形式化做了概括，點明了《易經》思維形式化的媒介是「象」，並認為爻象、卦象及其相互關係是自然界和人類社會中事物發展變化普遍趨勢的一種抽象，它普遍適用於任何事物，而不局限於某一個具體事物的具體內容。比如「⚊」、「⚋」兩種符號是用來象徵陰陽兩種屬性的，不是僅僅象徵某一個具體的君王或臣下、男人或女人。泰卦䷊、否卦䷋的卦象是用來象徵通順與閉塞兩種現象的，不是僅僅象徵某件事情的通順或閉塞。這正是思維形式化一大特色。

易學思維的形式化表現在對算卦方法的解釋中。在易學學者看來，《周易》算卦遵循著「彰往而察來」的類推方法。但要使類推有效，往、來二事必須是同類。如果將《易經》卦爻辭所記之事作為一個具體的事，則難以與求問之事一一對應、劃為同類。為了將求問之事納入卦爻辭所記之事的同類之中，就須將卦爻辭所記之事抽象化、公式化，視其為預測來事的公式。這樣才能賦予其無限的靈活性和包容性，才能對所問之事做出各種各樣的判斷。基於這樣的道理，宋代學者程頤說，對待《易經》的卦爻辭不要就事論事。如果就事論事，每個卦爻辭也就只能說明一件事，總共三百八十四爻也只能說明三百八十四事，根本不能起到預測一切來事的作用。因此必須將它們視為一類事物的共同象徵，使之具有與任何求問之事都有相互照應的功用。這樣一來，卦爻辭所記之事便成了一種形式、記號，此即朱熹所說：「易只是個空底物事。」這是思維形式化的典型表現。

思維的形式化，是人類對自己思維進行自覺研究的基本趨向，是形式邏輯的基本特徵。形式化的結果，形成了人們正確思考問題必須嚴格遵守的諸多邏輯法則或邏輯規律，如矛盾律、同一律、排中律等等。這些法則或規律，由於脱離了具體事物的內容，所以只能規範人們的思路，而不能起到保證所思事物符合實際的作用。比如，照正確的推理法則進行推論，由錯誤的前提可以推出錯誤的結論來。

在《周易》和易學研究中，所謂思維形式化，並沒有形成對思維進行研究的專門學問，而僅只是在思維中自然顯露出來的一種傾向。雖然如此，它卻表現出了人類思維功能的提高，展示出人類由具體的形象思維向抽象的理性思維邁進的足跡。

分類、類推和思維形式化，在《周易》中是結合在一起的，是其形式邏輯思維的三個不同層次。這種思維形式或傾向，對中國古代文化的發展有很大影響。中國古代的邏輯學說稱為名辨學說，在戰國時期頗為興盛，但到秦漢之後則銷聲匿跡了，人們關於邏輯思維能力的訓練，大都是通過《周易》經傳的研究和解釋來實現的。

四、辯證思維

辯證思維，指以運動的、變化的、聯繫的觀點認識事物的思維形式。它是《周易》中蘊含的最為突出，最為系統，最為豐富，最為珍貴的一種思維方式，主要表現為變易思維、相成思維和整體思維。

變易思維，是從變化的觀點考察一切事物的思維方式。

《周易》是摹擬事物變化而創製的，自身充滿了變化，之所以稱之為「易」，也包涵變易的意義在其中。

《周易》中的變易觀念表現為三個層次：一是卦象及爻象的變化；二是卦象、爻象所象徵的人事吉凶的變化；三是卦辭、爻辭藉以表示的自然現象的變化。

在《周易》中，卦象是可以變化的。這種變化通過爻象的變化來實現，由此一卦的卦象則變為另一卦的卦象。變化成了兩卦卦象乃至所有卦象相互聯繫的紐帶。比如八卦中的乾卦卦象為☰，最下爻由陽爻「⚊」變為陰爻「⚋」後，則化為巽卦卦象☴；第二爻由陽爻「⚊」變為陰爻「⚋」後，則化為離卦卦象☲；第三爻由陽爻「⚊」變為陰爻「⚋」後，則化為兌卦卦象☱。如此等等。這樣一來，八卦卦象雖然各自有所象徵，但相互之間卻存在著聯繫，這種關係通過爻的變化來實現，從而反映出了人事及自然界事物的變化和關係。六十四卦的情況也是如此。

用《周易》算卦，本來是為了預測人事的前途及結局，可從《周易》中尋找的答案卻不是絕對的、固定的，它根據條件的變化而變化，因此結局便成了相對的、變化的。比如坤卦卦辭告訴求卦者說，所求之卦是吉利之卦，但是所謂吉利是有條件限制的，結局好壞要依條件的變化而變化。首先一個條件是它所謂的吉利僅僅指出門外遊之事，用其求問其他事可就難說了，這可以從「君子有攸往」一句話中悟出；其次是只有騎母馬出門才吉利，不騎母馬可就難說了，這可以從「利牝馬之貞」一句話中悟出；第三是出門之後有一個不太順利向吉利變化的過程，這可以從「先迷後得主」一句話中悟出；第四是只有向西南方向走才吉利，而向東北方向走則不利，這可以從「西南得朋，東北喪朋」一句話中悟出。「變化」，這是《周易》言及人事時持有的基本精神；吉凶隨事而變，悔吝應時而呈，這是用《周易》預測人事時使用的基本功用。

《周易》的卦辭和爻辭記述了很多自然現象，這些自然現象大都處在變化之中，反映出記錄者的變易觀念。比如大過卦的爻辭說「枯楊生華」，離卦的爻辭說「日昃之離」，泰卦的文辭說「無平不陂，無往不復」。意思是說，枯槁的楊樹又長出了枝葉，太陽西斜出現了彩虹，沒有無陂的平地，沒有往而不返的事情，事物都處在變化的過程之中。《易傳》作者認為，所謂算卦，就是觀察變化的趨勢，推求變化的結果。

《易傳》及易學的研究者們沿著《易經》的變化觀念繼續引申，提出了一系列有關變化的觀點。比如變化日新的觀點，認為伴隨著事物的變化，新事物不斷出現，舊事物不斷消失；比如陰陽流轉的觀點，認為變化的形式是陰陽、剛柔、開合、往復等等相反的東西不斷地相互交替、相互推移；比如物極必反的觀點，認為事物發展到極點之時就會向與自身相反的方向轉化；比如陰陽不測的觀點，認為事物的發展變化紛繁多樣、難以量度，等等。

相成思維，是以相互聯繫、相互依賴、相濟互補的觀點看待對立的兩個方面或對立的兩種事物的思維方式。這種思維方式一般稱之為「相反而相成」。

依照這種思維方式，世界上任何相互對立的兩個方面或兩個事物都不是孤立存在的，也不可能孤立存在。其中的一個方面或一個事物雖然與另一個方面或另一個事物是對立的，但又以對立面或對立事物作為自身存在的條件或前提。對立的雙方共同構成一個統一的事物。

比如，《易經》中的基本符號是奇「—」與偶「- -」。奇與偶是相互對立的，但作為《易經》的基本要素，又是不可分割，不可獨立存在的，否則的話便不能構成《易經》的卦象，也不成其為《易經》的要素了。二者之所以能夠構成八卦和六十四卦卦象，一方面是因為它們是相異的，對立的，而另一個方面則又是因為它們是互補的，配合的。

又如，《易經》的八卦及六十四卦都是成雙成對的。乾☰與坤☷是相對的，震☳與巽☴是相對的，泰䷊與否䷋是相對的，既濟䷾與未濟䷿是相對的。其基本思想是天地相交才能生長萬物，陰陽相交才能成就萬物。獨天不生，獨地不長，獨陽不成，獨陰不就。《易傳》將這種相成思維做了概括，使之帶上了理論的色彩，說「一陰一陽之謂道」，認為兩種相反的東西相互更迭、相互補充是天地萬物發展變化的基本法則，也是天地萬物得以生長成就的根本依據。

在《周易》及古代易學研究者們看來，相互對立的兩個方面相互補充、相互接濟，不但是客觀世界自然而然存在的一個方式，而且是客觀世界和諧存在的前提。乾卦的《彖傳》說：「保合太和乃利貞。」所謂「太和」，指高度和諧的境地。這句話的意思是說，乾卦的六個爻都是陽爻，每個爻都有其自身的規定性。如果每個爻都逞其剛強，相互侵犯，那麼，六個爻便都不能自保。如果容納陰柔成分，做到剛而不暴，也就是進入太和境地，才有利於正常發展。所以歷代易學都以太和為變化的最高準則。如明末清初的學者王夫之曾說：「天地以和順為命，萬物以和順為性。」易學中的和諧觀，對中國的哲學、政治、地理、醫學、美學和文學藝術都有深遠影響，而這種觀念與相成思維有著直接的關係。相成是達到和諧的前提。

整體思維，是以普遍聯繫、相互制約的觀點看待世界及一切事物的思維方式。這種思維方式不僅把整個世界視為一個有機整體，認為構成這個世界的一切事物都是相互聯繫、相互制約的，而且把每一個事物又各自視為一個小的整體，除了它與其他事物之間具有相互聯繫、相互制約的關係外，其內部也呈現出多種因素、多種部件的普遍聯繫。

整體思維在《周易》及易學研究中有比較充分的體現。

首先，《周易》自身在形式上有一個完整的體系。就卦象和爻象來說，卦象是由爻象組成的。八卦由奇「—」、偶「- -」兩爻象三重構成，自成一個體系；六十四卦又由八個單卦推衍而成，自成一個體系。也就是說，《周易》卦象自身的邏輯結構是一個圓滿的整體，不是一個殘缺不全、隨意可以增減的符號形式。不僅如此，而且八卦與六十四卦的爻象又是各卦之間的聯繫紐帶，爻象的變化會引起卦象的變化，由此而使一卦變化為另一卦。比如，乾卦䷀的最下一爻由「—」變為「- -」，則使乾卦變成姤卦䷫。也就是說，一爻的變化不僅僅是一爻自身的變化，而且造成了整個卦象的變化，造成了整體卦象象徵事物的變化，由此可見，卦象、爻象，在《周易》中是普遍聯繫的，相互制約的。

其次，《易傳》以普遍聯繫、相互制約的觀點解釋《易經》，比如《序卦傳》認為，《易經》中的六十四卦不是雜亂無章的，它有一定的排列順序。宇宙中先有天地然後才生出了萬物，因此象徵天地的乾坤二卦列在六十四卦之首。充滿天地之間的是萬物，所以乾坤二卦之後繼之以屯卦；「屯」是盈滿之意。屯又具有萬物初生的意義，所以屯卦之後繼之以蒙卦；「蒙」是蒙昧的意思。如此等等。又如，《易傳》認為，同一個性質的爻所處的位置不同，其象徵意義也不同，體現出事物與其所處的位置之間的聯繫；一個爻的性質及位置不變，其鄰近各爻的變化也引起此爻象徵意義的變化，體現出事物與其他事物之間的聯繫。在解釋夬卦時就持這樣的觀點。夬卦☱☰由乾☰與兑☱組成。《彖傳》認為：乾象徵天，象徵剛健；兑象徵澤，象徵和悦。從整個卦象來看，五個陽爻在下，一個陰爻在上，象徵剛健一方佔絕對優勢，可以對陰柔一方起決定作用。然而，最上位的陰爻又象徵陰險小人，在下的五爻又象徵剛直君子，因此此卦又象徵小人掌權而君子聽命、整個朝廷有極大危險。由此，遇到戰事不可戰而須進行調停。之所以以調停為宜，是因為小人處在最上位，有既將消亡的徵兆。到小人消亡之時，則時轉運來，滿朝君子。由此可見，《易傳》在解釋卦象和爻象之時，不是獨立地看待一卦、一爻，而是從整個卦象中上經卦與下經卦之間的關係、各個爻之間的關係來分析。這正是整體意識的表現。

第三，易學研究者繼承和發揚了《周易》的思維方式，以普遍聯繫、相互制約的觀點看待《周易》、看待世界。如漢代易學中有卦氣説，以陰陽五行觀念解釋天時、氣候的變化，進而解釋世界。也就是説，它將宇宙視為一個統一整體，通過陰陽推移和五行生剋的法則解釋宇宙中個體事物存在著的普遍聯繫。

辯證思維用對立統一、發展變化、普遍聯繫的觀點看待世界，正確地反映了世界的實際情況，是人類思維高度發展的重要標誌。它與形式邏緝思維相輔相成，共同構成人類理性思維的高級形式。前者從靜態的視角分析個體事物之間的差異及其內在的結構，有助於理解事物的穩定性；後者從動態的視角統觀事物之間存在的影響和聯繫，有助於理解事物的變動性。《易經》作為古老的算卦書，在思維過程中已經孕育著辯証思維的萌芽，在之後的發展中，逐漸形成了一套系統的辯証思維的傳統，成為中華民族傳統文化的瑰寶之一。

五、象數思維

象數思維是以形象和數為媒介，認識、推斷或預測事物及其發展變化的一種思維形式。與形象思維不同之處在於，它在借助形象進行思維的時候，總是伴隨著數的變化，以象數合一的觀念考察事物變化的過程和規律。

象數思維是《周易》特有的一種思維形式。它與中國古代崇尚數的觀念相聯繫。在中國古代一些人的觀念中，自然界的變化是遵照數的變化程序進行的，數的變化程序標誌著事物變化的趨勢和結局，人們稱之為氣數。《周易》則把它與卦爻象結合在一起，用以探測事物的變化。

《易經》中既有象又有數。比如「—」、「- -」兩個爻象，前者稱「九」，後者稱「六」。在六十四卦的卦象中，六個爻的爻位從下往上數，分別是初位、二位、三位、四位、五位、上位。在算卦的過程中用五十根蓍草，而在分蓍草時由蓍草的餘數得出九、八、七、六等不同的數，並且依據這些數畫出爻象和卦象。這裡面不僅涉及到數，而且是以數定象並由象和數合在一起來推斷事物發展變化的趨勢。這是象數思維的萌芽。

《易傳》認為，《易經》既講數又講象，象和數是統一的。如奇偶之數和陰陽爻象是同一件事物的兩個方面，所以稱陽卦為奇，稱陰卦為偶，並要求人們從象數兩個方面揭示事物變化的法則。

歷代易學家曾圍繞象與數的關係問題展開論辯。一派主張有數而後有象，一派主張有象而後有數，但他們都把象和數緊密聯繫在一起，認為象數不可偏廢。他們將《周易》算卦方法中的象數觀念加以推廣，認為世界上的一切事物，從自然到人類社會，都有象與數兩個方面，既有可感知的性質，又有數量的規定性。如明清之際的方以智說「虛空皆象數」，認為只有認識其象和數即事物的信息和量度，才能了解和控制其變化的過程。又如易學中的卦氣說按一年三百六十五日劃分四季寒暖之象，制定出卦氣圖，人們可以通過其中的日數增加和象的變化得知寒暖的變化。

象數思維，作為一種思維方式，是抽象思維（如符號系統）與具體思維（如取象系統）相結合的產物。它從具體中引出抽象（如聖人觀象作八卦），再從抽象中認識具體（如依卦象以判吉凶之事），將抽象的與具體的合而為一，由此成為中華思維的一大特色。

第五章　易學與中華傳統文化

一、易學與哲學

《易經》原本是算命之書，但其所依據的是象、數、辭、義四種觀念和簡單推理的過程，具有理性思維的內容，所以，《易經》及其具體運用，包含著向哲理過渡的內在因素，具有引發哲理的內在功能。

由《易經》引發出的哲理，最早的系統表述是《易傳》，特別是其中的《繫辭傳》。我們給它起個名字，叫易學哲學。

自《易傳》之後，幾乎每個時代都有人玩味、體識和發揮易學哲學，使易學哲理化為一條長河。撮其精要，大約涉及到宇宙的演化問題、宇宙的本體問題、宇宙存在的形態問題、天與人的關係問題等等。

宇宙演化，是指天地萬物的起源及其演變。

《易傳》認為，《易經》之所以能夠預測未來、決斷吉凶，首先是因為它是整個宇宙的縮影，內蘊著整個宇宙的妙理。之所以這樣說，是因為卦象是上古聖人仰觀天文、俯察地理、近仿於人、遠仿於物，對整個自然界的紋理進行概括、匯合而成的。正因如此；《易經》囊括著自然界和人世一切事物發展變化的道理，取之不盡，用之不竭，從中可以找到一切事物變化趨勢及其結局的答案。其次是因為成卦的整個過程是模仿天地、四時、五年一潤的數目變化進行的的。認為使用五十五根蓍草是為了與天地之數的總和相符，具體運用其中的四十九根而餘下六根不用，是為了與六爻的卦象相符（有一種說法認為，蓍草的總數是五十根，具體運用其中的四十九根而餘下一根不用，是為了表明原始宇宙混然一體），之後將四十九根蓍草分為兩束，象徵天和地，之後將其中一束中的一根掛在旁邊，象徵天地中間的人，之後以四根一組分別數兩束草，象徵四時，餘下的蓍草象徵五年一閏。如此等等，使整個成卦程序具有天時、節氣演化的象徵意義。

《繫辭傳》在描述這一算卦的程序時說：變易是從混然一體的東西開始的（指五十五根蓍草混為一體），因為它是最早的極限，所以叫做「太極」，由太極分為兩種東西（指四十九根蓍草分為兩束），因為它們的數目不同，分別代表了兩種樣式，所以叫做「兩儀」，由兩儀產生了四種不同的數（指成卦過程中得出的九、八、七、六），由此畫出了分別代表不同性質的四種爻象（九為老陽，八為少陰，七為少陽，六為老陰），所以叫做「四象」；之後由四象生成了八種卦象，稱為八卦；八卦決定著吉凶，吉凶決定著事物的成敗。後來的易學家依據這一成卦的程序，即從一到二，從二到四，從四到八，推衍出一套宇宙生成的模式，對中國傳統哲學中的宇宙演化論具有深遠影響。

順著這一思路，易學研究者對宇宙演化提出了種種具體的構想。其中比較有特色的有兩種：一種沿著由虛向實轉化的思路，一種沿著由少向多轉化的思路。前者的代表有漢代的

《易緯・乾鑿度》；後者的代表有宋初邵雍的二分法模式。

《易緯・乾鑿度》認為：宇宙最早的時候無形，無象，無氣，無質，因為宇宙尚處于空無狀態，所以稱為「太易」；之後有了氣，開始有氣的時候稱為「太初」；之後有了形態，開始有形態的時候稱為「太始」，之後有質地，開始有質地的時候稱為「太素」。從有氣開始到有形有質，雖然具備了有形個體的物質條件，但卻沒有界限，沒有區分，眼睛看不見，耳朵聽不到，所以籠統地稱為「太極」。「太極」又稱為「元氣」。宇宙處在太極之時，雖然陰陽未分，天地未萌，但卻已經具備了氣質，之後太極分為陰陽二氣，化為天地，所以也才有了象徵陰陽及天地的乾坤二卦。

宋代學者邵雍依據太極生兩儀的模式，提出一分為二、二分為四、四分為八的二分法，以此構築其宇宙演化圖式。他認為，宇宙之始是「太極」，太極之時無有差別，所以又稱之為「一」，由一分而為二，產生了陰陽，陰陽交錯產生四象，四象又分為天之四象和地之四象，於是形成八卦乃至萬物。整個宇宙經歷了這樣一分為二、二分為四、四分為八、由少至多、由一至萬的分化過程，才成了現在這個樣子。

宇宙演化的學說是中國古代哲學的基本學說之一。這一學說的提出是人類智慧發展的必然結果。在此之前，古人以天神為天地萬物的本原，從老子與漢易並始，拋棄了這種天命論的信仰，以理性來探討宇宙和人類的起源問題，這是一大進步。雖然他們對天地萬物的起源和演化的觀點具有猜測的性質，但是把宇宙視為一個統一體，認為天地萬物和人類的出現，經歷了一個演化的過程，即由混沌向清晰、由單一向眾多的演化過程，從而破除了創世說，為中國古代對宇宙的正確認識勾畫出了基本的思路，為人類智慧的增長做出了貢獻。

宇宙本體，指天地萬物之所以存在和變化的憑藉和根據。對這一問題的探討，更顯示了人類智慧的深化，因為它已經不再停留在宇宙的表面現象，而是開始尋找宇宙存在的根本原因。

《易傳》認為，宇宙存在著兩個層次：一個是可以用感官感覺到的具體器物，稱為「器」；一個是不可感覺的內在本質及其發展變化的法則，稱為「道」。器物是有形象的，所以稱為「形而下者」，意思是有形以下的東西；本質和法則是沒有形象的，所以稱為「形而上者」，意思是有形以上的東西。他們認為道是天地萬物存在的根本原因，而器是天地萬物存在的外在形式。後來的易學家和哲學家，以太極為形而上者，形成了本體論學說。

在易學發展的過程中，影響比較大的宇宙本體學說有四種：一是魏晉時期以王弼為代表的以無為本論，認為太極是天地萬物的根本，但太極無形無象，什麼也沒有，所以稱之為「無」。二是以宋代朱熹為代表的理本論，認為陰陽變易之道理是天地萬物的根本。三是以南宋楊簡為代表的心本論，將卦爻象和事物的變化歸於心，認為心就是所說的「太極」。四是以北宋張載和明清之際王夫之為代表的氣本論，以太極為氣，認為氣是天地萬物變化的最後根據。

探討天地萬物之所以存在的原因和依據，需要透過宇宙中千差萬別的現象去捕捉事物的共同本質，僅就這一目的的提出，就已表明人的思維從事物的表面走向了事物的深層，顯示了人類智慧的發展。雖然中國古代哲學家們的答案並不相同，但他們沿著易學提供的思路構造了各種各樣的系統，為人類智慧的發展開通了多種渠道，特別是其中的氣本論，為中國古代科學中的自然觀提供了理論基礎。

宇宙形態，指宇宙存在的樣式。宇宙是怎麼存在著？是靜靜地在那裡呆著，還是不停地在運動？這是中國古代哲學界討論的重要問題之一。在討論過程中形成了兩大派別，一派認為，就根本而言，宇宙是靜止的、凝固不變的，變化只是表面的現象，其原因在事物外部。一派認為，宇宙本質上是運動變化的，運動變化的原因在事物內部。《周易》系統則堅持著後一種觀點。

《易經》用蓍草的變化得出卦爻象，又以卦爻象的變化判斷事物的吉凶。這本身就是一種變化觀念的體現。《周易》之所以稱為「易」，也正是用以表示變化的。

《易傳》不僅繼承了這種觀念，而且對這種觀念做了總結，認為天地萬物的變化是由陰陽兩種力量相互推動而產生的，用它的原話表述，那就是「剛柔相推而生變化」。

《易傳》和易學還有一個重要的認識，這就是把天地萬物的運動變化看成是有序的過程。在易學的學者們看來，天地萬物的變化都在遵循著陽陰更迭的法則，由此決定了它們的有序性。用原話來說，那就是「一陽一陰之謂道」，「一物無妄然，必由其理」。

《周易》系統關於宇宙形態的學說充滿了辯證思維的內容，又具有濃厚的中國色彩，乃是中華民族智慧的結晶。

天人關係，在《周易》系統是指自然界與人的關係。這是中國古代哲學探討的重要問題之一。

《易經》雖然沒有明確表述天人關係，但已經內蘊著自然界與人類融為一體的觀念。卦辭、爻辭往往將自然現象與人事合在一起來說明吉凶，有時則用自然現象來回答人事問題。《易傳》展示了這一內蘊，並且進行了發揮，認為天、地、人既分而為三，又合而為一，它們都具有同樣的變化法則，人居天地之中，應自覺地效法天地，擇善而行。比如《象傳》在談到乾坤二卦時說，君子效法天地之品格，則剛健有為，自強不息，容民畜眾，包納一切。這種以天地之道為人類行為準則，將天道與人道合而為一的觀念對中國人的世界觀發生了深刻影響。宋代的程頤由此而有「天地人只是一道」的說法，而張載則提出「天人合一」的命題。不過《周易》系統並不因為人處在法天行事的地位而否定人的主觀能動性，它在提倡順天、應天的同時，強調「聖人成能」，裁成天地之道，輔相天地之事，要人協助自然界成就其化育萬物的功能。這一學說看到了自然與人為的統一，強調人與自然界的和諧，反映了中國古代先哲們的高度智慧。

二·易學與道教

道教是中國古代產生於本土，影響最為廣泛、時間最為持久的宗教，從其基本的形式及內容來看，與《周易》系統不是同類，不過在其傳播和發展中受到了《周易》系統的影響。

說與《周易》系統不是同類，原因有很多方面，其中的一個根本原因在於：《周易》系統的主要趨向是揭示義理，而道教的主導趨向是追求成仙。《易經》雖然是算卦書，暗含著向神靈求助的觀念，但這種觀念僅只是作為一種神秘的外衣，沒有實質的內容，也沒有引導人們修仙成神；《易傳》和易學則更將重點放在義理方面。道教也講義理，它的教義也帶有哲理的色彩，但說到根本上是為了論證神的存在，引導人們向神、敬神、修練成神。

說接受《周易》系統的影響，就大的方面而言，是指煉丹指導思想的影響、以圖式表達變化過程的影響和宇宙演化觀念的影響。

服食金丹是道教得道成仙的一條基本途徑。金丹從何而來？在道教的宗教傳說中，很多得自神仙的施惠，不過神仙的金丹也不是自然而然形成的，而是經由爐鼎之火煉出的。《西遊記》中孫悟空吃了太上老君的金丹，那金丹是從八卦爐中煉出來的。太上老君生了氣，把孫悟空放到八卦爐中去煉，結果不但沒有把孫悟空燒死，反而把他煉成了火眼金睛，可見那八卦爐的神奇。

用爐鼎煉丹並不是道教的專利，在道教產生之前久已有之。不過用八卦和六十四卦解說爐鼎的煉丹功能，卻是從道教引進《周易》系統的理論而開創的，創始人是漢代的魏伯陽。道教起於漢代，魏伯陽算不算道士，這很難說，但是他著《周易參同契》，將易學理論用於煉丹，一直為道教遵奉，這卻是歷史事實。

《周易參同契》認為，煉丹的道理與宇宙變化的道理是一致的。宇宙是上天下地，中含陰陽二氣，陰陽在天地之間回旋、激蕩、往來、交媾，從而產生了萬物。而所謂天地，在《周易》中則是乾坤；所謂陰陽，在《周易》中卦象中的陰陽二爻。而《參同契》解釋為丹鼎為乾坤，藥材為離坎，乾在上，坤在下，離坎居其中。離坎二藥，一者為陰一者為陽，在乾坤之中回旋、激蕩、往來、交媾，最後凝結在一起則為金丹。金丹之所以具有延年益壽乃至使人輕舉遠遊、升騰成仙的功用，那是因為它遵循天地陰陽之道，凝結了真金不朽之性。

在《周易參同契》看來，要煉成金丹，只具備爐鼎藥材還是不夠的，還要掌握火候。火候與時日、年月有直接的關係，而時日年月又是按照《周易》的卦序運行的。它將一天分為十二個時辰，將一年分為十二個月，認為十二個時辰和十二個月的更迭是復䷗、臨䷒、泰䷊、大壯䷡、夬䷪、乾䷀、姤䷫、遁䷠、否䷋、觀䷓、剝䷖、坤䷁這十二卦依序更迭的結果。這十二卦的前六卦，每卦都比前一卦多了一個陽爻，少了一個陰爻，表示陽氣上升，陰氣下降的趨勢；後六卦，每卦都比前一卦多了一個陰爻，少了一個陽爻，表示陰氣上升，陽氣下降的趨勢。它又將一月三十天分為六段：初三為第一段的關節點，是震卦之日。震☳的卦象是一陽二陰，表示月亮由全部黑暗開始有了一彎明亮的月芽。明者為陽，暗者為陰。初八為第二段的關節點，是兌卦之日。兌☱的卦象是二陽一陰，表示月亮有過半的亮球。十五為第三段的關節點，是乾卦之日。乾☰的卦象是三陽無陰，表示月亮呈現全亮的球形。十六為第四段的關節點，是巽卦之日。巽☴的卦象是一陽二陰，表示月亮由全部明亮開始被一彎黑暗遮蓋。二十三為第五段的關節點，是艮卦之日。艮☶的卦象是二陰一陽，表示明月已有一大半被黑暗遮蓋。三十為第六段的關節點，是坤卦之日。坤☷的卦象是全陰無陽，表示月亮已全部被黑暗所遮蓋。從初三到十五是陽氣上升、陰氣下降的趨勢，從十六到三十是陰氣上升、陽氣下降的趨勢。而且《周易參同契》還把這六卦與具有方位性的甲、乙、丙、丁、戊、己、庚、辛、壬、癸十個天干配合起來，標示月亮現滅時的方位。這些代表陰陽消息的時辰、日月，為煉丹提供了加溫和減火的依據。在代表火候時日的卦象中沒有離坎兩卦，因為這兩卦代表陰陽的回旋與離合，貫通在整個的煉丹過程中。

後來道教將他的這種煉丹術運用於煉內丹，也就是將人的身體作為丹爐，將體內的精、氣、神作為藥物和火候，意欲在體內結成神丹，以保持身體長存、生命不死。而以內丹養生的指導思想也是道家學說與易學融而為一的一種理論。

道教認為，人的生命是由混沌一體的道產生的。道無形無象、無邊無際，混而為一，之後由一而二，由二而三，逐漸分化開來，產生出了萬物，其中包括人。既然如此，人的生命體內就包含著宇宙一化為三的痕跡，這就是精、氣、神。人之所以有生命，就在於有精、氣、神，而人之所以會死亡，也在於有精、氣、神。這是因為精、氣、神由道分化出來之後已經失去了道的永恆性，有了聚散存滅。聚存則人的生命存在，散滅則人的生命消亡。要想使生命永住，則必須沿著道生萬物的逆方向，將精、氣、神三者合二，二者合一，回歸到混沌不分的大道中去。做到了這一點就是得到了「道」，就能長生久視，不死成仙。

要使精、氣、神三者合一就須修煉。道教發揮伯陽的煉丹思想，認為人的身體是一個煉丹爐鼎，上為乾，下為坤，體內的精、氣、神是鼎內的藥物和火候。神存於心，為離，為火，為陽，精存於腎，為坎，為水，為陰，氣在神、精之間，受神的支配，載精運行，使之在不斷的運轉中得到火的薰蒸，最後與神凝為一體，回歸為道。

在內煉的過程中，首先要養精，養氣，養神，使在勞累中受損的精、氣、神得到補充，為內煉做好物質準備。之後用神支配氣，使氣帶動精，沿著任脈與督脈的經絡反復運轉，使精化而為氣。由此體內原有的精、氣、神三合為二，只剩下了氣與神。氣在下，神在上，氣為坎，為水，為陰，神為離，為火，為陽。二者相交於臍下一寸三分的下丹田。經過不斷的激蕩和薰蒸，坎中之陽被離吸取，離中之陰被陽填補，從而化氣為神，使原有之神成了純陽之神。由此，體內的氣、神合二為一，回歸為無形無象、混而為一的道。這就是體內的神丹，結於人體的下丹田。由於人體與道合為一體，所以與道同在，永不朽滅。

內煉也講究火候，所謂「火候」，主要是指神對精、氣薰蒸的疾緩及程度。在化精為氣的階段，主要表現為意念使氣載精而行的疾緩。疾則火旺，稱為「武火」；緩則火弱，稱為「文火」。文火與武火的交替使用，也就是陽與陰的交替，也就是易學常說的「陰陽消息」。在化氣為神的階段，主要表現在丹田，因為此時氣與神交於丹田。氣與神，一者為坎，一者為離，一者為陰，一者為陽，相激相蕩，相抱相吸，時緩時疾，直至將坎中之陽完全吸至離中，以坎中之陽填補離中之陰，使神成為純陽之神，化而為道。至於火候的文武、陰陽的消息，在一定程度上要看日月及時辰。因為在道教看來，內煉養身的步驟與天地、日月的運轉是協調一致的。

內煉養身的理論有個不斷發展的過程，到南宋之後趨向於簡明，直接用《周易》的一陰一陽來說明，認為身體是個大丹爐，氣為陰，神為陽，合氣為神，散神為氣，只要靜心，凝氣，陰陽歸一，神則歸為道，人則與道同體。這就是一陰一陽之謂道。

以《周易》解說內煉養生，充滿了神秘色彩，就其理論自身而論，沒有什麼可取之處，但在具體的修煉實踐中，摸索出了一套健身的方法，其中靜心、凝神、調合陰陽，可以使人的身心處在自然和諧狀態，有益於休養精神，增強抗御疾病的能力，而調息運氣，也有益於疏通經絡，促進血液循環和新陳代謝。由此中國古代形成了具有中華民族自身特色的養生方法，這就是「氣功」。

《周易參同契》產生後，中國的煉丹術進入了一個以乾坤陰陽思想為指導的階段，也就是道教煉丹的階段。無論是道教的外丹術還是內丹術，都沒有離開過這一思想的指導。

《周易參同契》有關乾坤陰陽的思想，不但影響了道教的煉丹術，而且直接影響了道教用以表示教義的圖式。

水火匡郭圖

陰陽魚圖

據考《周易參同契》的註釋中有一個《水火匡郭圖》（如前頁）。這個圖的左半外白圈

及內白圈代表陽爻，中黑圈代表陰爻，合在一起是離卦之象，右半外黑圈及內黑圈代表陰爻，中白圈代表陽爻，合在一起是坎卦之象；中間的空圈代表丹藥。離是火，代表陽；坎是水，代表陰。此圖的意義在於水火相交、陰陽相抱而生丹藥。

之後出現了不少表示煉丹理論的道教圖式，都與此圖的蘊意有著淵源關係。到南宋出現了一種以陰陽兩魚互抱為圖案的《先天太極圈》，元明兩代，這一圖式漸漸變得簡潔起來，最後以人們稱為《陰陽魚圖》（如前頁）成為道教的標誌。這是《周易》的影響在道教中的結晶。

道教的宇宙演化觀念，大體上是沿著老子的思想發展下來的，認為宇宙之初是混一不分的東西，由於它產生了天地萬物，又回收著天地萬物，象是供天地萬物往來的一條大道，所以稱之為道。現實中的天地萬物是沿著道生一、一生二、二生三、三生萬物的程序演化而來的。不過有些教派吸收了《周易》的思想，對此有所改造。例如唐代道士孟安排在《道教義樞》中記述了《洞神經》的有關思想，說：大道是個非常奇妙的東西，它可以說是一種存在的東西，也可以說是什麼也沒有。正因為它本身非常玄妙，變化莫測，所以號為「太易」。之後有了元氣，而開始有元氣的時候號為「太初」，也稱作「太虛」。太初之中有青色的精，精沒有形體而卻是有形之氣的開端，因此號為「太始」，也稱作「太無」。太初之中有黃色的氣，此氣沒有形體卻含有成形的質地，所以號為「太素」。太初之中有白色的氣，此氣沒有形體卻具備了成形的質地，所以號為「太極」，也稱作「太有」、「太神」、「太氣」、「太玄」、「太上」、「太一」。太初形成的形體是赤黃之色，質地是素白之色，不過在太初之時，黃白還沒有分離，所以稱為「混」；它們染糅在一起，所以又稱為「沌」，因為它是一切有形萬物的起源，所以又稱為「元」。有鑑於此，天地、三才、五常、萬物等等有形的東西在沒有分別的時候叫做「混元」。這種宇宙演化的思想，是《易緯·乾鑿度》太易生太初、太初生太始、太始生太素的思想與老子宇宙演化思想的改造與融合，是引易入道以解説道教教義的一種形式。

引易入道，在道家思想的發展過程中形成道家之易，在道教教義的發展過程中形成道教之易。

三·易學與人倫

人倫，是指人與人之間的關係。這是中國古代非常重視的一個問題，因為它直接涉及到社會的結構和社會的穩定。

《周易》系統，從《易傳》開始直接論及人倫問題，而且將其作為易學的核心內容之一。就大的方面説，涉及到人倫的起源、人倫的基本規範以及包括男女、夫妻、父子、君臣、上下在內的人際關係。特別強調當人處於憂患之時，更應提高其道德修養，以此安身立命。

《周易》認為，人是從自然界演化來的。自然界中首先有的是天地。有了天地之後才有了萬物，有了萬物之後才有了男女，有了男女之後才有了夫婦，有了夫婦之後才有了父子；有了父子之後才有了君臣；有了君臣之後才有了上下，有了上下之後才設置了禮義，用來規範人的行為。在諸種人際關係中，最為恒久的關係是夫婦關係。

在《易傳》看來，既然人是天地的產物，所以人與天地也就有著共同的法則。天地都是由兩個方面或兩種因素構成的，這兩個方面或兩種因素既是相反的又是相成的。用形象的語言表達，那就是一陰一陽，一柔一剛。這種普遍的法則在人世中的具體體現則是一仁一義。這就是《説卦》傳中所説的「立天之道曰陰與陽，立地之道曰柔與剛，立人之道曰仁與義」。

在中國古人看來，仁與義是相互聯繫又相互對立的兩方面。相互聯繫在於它們都是導人行善、維護和諧的行為規範；相互對立在於，仁是對他人的態度，義是對自己的要求。善待他人為仁，嚴以正己為義。在《易傳》看來，保持人世和諧，維護社會安定的基本前提，就是要處理好人與人之間的關係，使人相親相愛。而要達到這個目的，必須從自己做起。具體説來，就是對人要寬，對己要嚴，對人慈愛，對己嚴律。所以它將仁義作為人世間的基本行為規範，並把它們提高到「立人之道」的高度來看待。

在此基礎上，《文言傳》又將人的基本品德擴展到四個方面，這就是「體仁」、「嘉會」、「利物」、「貞固」。體仁，就是在實際行動上實施愛人；《文言傳》認為，在實際行動上實施愛人的人足可以做人們的首長。嘉會，就是會聚各種美德；《文言傳》認為，會聚各種美德足可以合於禮儀。利物，就是施惠於人；《文言傳》認為，施惠於人足可以和於正義。貞固，就是堅持正道；《文言傳》認為，堅持正道足可以辦好大事。

至於說到男女、夫婦、父子、君臣、上下等關係，《易傳》認為，雖然它們各自都有自身的特殊性，但相互之間又具有共同性，這就是它們都有尊卑之別；男尊女卑，夫尊婦卑，父尊子卑，君尊臣卑，上尊下卑。《繫辭傳》一開始就說：天高高在上，處於尊貴之位，地低低在下，處在卑賤之位，由此決定了乾與坤的尊卑關係。乾代表男子，代表君，代表父；坤代表女子，代表臣，代表母，這是《易傳》中經常言及的，所以，他們之間的尊卑關係也就是由此而確定了。

靜態的尊卑關係表現在動態上也就是主從關係，尊貴者主動行事而卑賤者順從行事，所以《易傳》在講到乾卦的特性時總是以剛健、自強言之，而講到坤卦的特性時總是以柔順言之。比如《象傳》在解說乾卦時說「天行健，君子以自強不息」，而《文言》在解說坤卦時說「坤道其順乎，承天而時行」，「陰雖有美，含之以從王事，弗敢成也。地道也，妻道也，臣道也」。也就是說，為君為父為夫等在上者，行事可以自做主張，而為臣為子為妻等在下者，行事則須從命而動。

雖然如此，但是《易傳》並不認為尊者可以妄為、卑者必須盲順，它講究的是尊者正中而卑者進德。所謂「正中」，是說行為符合法則；所謂「進德」，是說提高自己品德。

在《易傳》看來，尊者雖然有自主權，但卻必須遵從自然和社會的法則。只有在遵從自然和社會法則的前提下，才能得到尊位，才能得到尊敬。特別是處在社會最高地位的君王更須如此。乾卦的《文言傳》說：處在上位的「大人」，與天地的稟性相符合，與日月的光明相符合，與四時的秩序相符合，與鬼神的吉凶相符合。先於天的變動而變動，則天都不會違背他，因為他以天的法則作為自己行動的準則，後於天的變化而變動，則遵奉天時而行動，因此他的行動不會出現差錯。《文言傳》稱此為「知進退存亡而不失其正」，「德而正中者也」。正因為如此，所以人們都順從他，鬼神也都順從他。反過來說，如果在上者失去正中，離開他應該遵循的行為規範，不但不能得到人們的順從和尊敬，而且連自己的地位和生命也很難保住。《文言傳》中解說乾卦第六爻爻辭「亢龍有悔」時說：這是說的什麼意思呢？是在說，在上的人如果脫離開自己應該在的位置，高高在上而目中無民，那些處在下面的賢人便不會輔佐他。到那個時候他可就要倒霉了。《繫辭傳》對這個道理做了概括和總結，說：聖人最寶貴的東西是什麼呢？是他受人尊敬的地位。如何才能保持住他的地位？只有信守仁的規範。

在《易傳》看來，卑者所以柔弱卑順，並非心中無主，也非有意媚上，而是在進德修業。卑者的品德在於涵美於內，順行於外，就像大地一樣，胸懷寬廣，容納萬物，然而亦須在上者行仁守中。在上者脫離中道，在下者則背其而行。《文言傳》說，在上的人脫離其位，在下的賢者就不會輔佐他；《繫辭傳》說，君子在家裡說一句好話，千里之外的人也會應和他，說了一句壞話，千里之外的人也會反對他。都是講的這個道理。因此《易傳》並不要求在下者一味地順人，而主張根據不同的情況、不同的時機而採取不同的行動，有助於仁義的樂事則行之，有背於仁義的憂事則違之。這就是《文言傳》所說的「樂則行之，憂則違之」。

《易傳》的尊卑觀念是中國古代等級社會的反映，在之後的儒家學說中倍受重視，大加弘揚，這是其對社會造成的負面效應，然而《易傳》自身包含的「上交不諂，下交不瀆」（《繫辭傳》）「君子以致命遂志」（《困》）及的思想，也培育了一代又一代的志士仁人，成了中華民族的一大傳統美德。

四．易學與科技

易學自身並不是科技領域的學說，但對中國古代的科技發展卻造成了一定的影響，究其原因，大概有兩個：一個是《易傳》自身包含有一部分觀象制器的內容，與科學技術有直接的聯係，引導人們將其引入科技領域；一個是《易傳》解經，提出取象說，以八大自然現象解釋八卦的性質，重視對自然現象的觀察，並以象數範疇認識其變化的規律。這裡需要說明的一點是，我們所說的「科學技術」不是現代意義上的科學技術，而是指人們對自然現象的認識和生產工具的創造。

《易經》中的卦象具有一定的象徵意義，以我們現代人的觀點看來，也只是一個符號的意義而已。而《易傳》的作者卻不這樣看，他們認為：卦象是先聖通過觀察自然現象而繪製出來的，自身的形象與所象徵事物的形象有直接的聯繫，對卦象有深刻認識的人，通過對卦象的觀察，能體悟出其中的道理，從而創製出與之相關的器物來。

《繫辭傳》認為，在人類文明的發展中，許多基本生產工具和生活用品都是先聖通過觀象而創製出來的。比如：

古代伏羲氏做天下之王的時候，上觀天文，下察地理，中取鳥獸之文、人物之理，做了八卦，用以溝通世間的神妙性情。之後將繩子結在一起製成網罟，用以打魚圍獵，是受了離卦的啟發。伏羲氏死後神農氏繼位，削木為耜，揉木為耒，教民耕種土地，是受了益卦的啟發，中午聚民為市，交流物質，讓人們互通有無，各得所需，是受了噬嗑卦的啟發。神農死後黃帝、堯、舜相繼登位。發明衣裳，標誌上下的界限，天下大治，是受了乾坤之卦的啟發。刳木為舟，削木為揖，用以渡水跨河，是受了渙卦的啟發，如此等等。

說創制工具、推進文明是受了卦象的啟發，有什麼根據？《易傳》沒有說明，後代學者試圖做出解釋。比如朱熹說，噬嗑卦的卦象，上經卦為離，下經卦為震，離是日的象徵，震是動的象徵，所以此卦是上明下動、日照中天而人頭鑽動之象，與中午人集於市相似，噬與市的音相近，嗑與合的音相近，所以從發音上說，近似於「市合」。受上面幾點啟發，所以神農氏想到了開辦午市。又有人說，渙卦的卦象上經卦為巽，下經卦為坎，巽為木，坎為水，木在水上，由此，卦辭則說「利涉大川」。受此啟發，所以黃帝製作了舟楫，用以渡水跨河。

這種解釋是否有道理，那是另一個問題。這裡需要指出的是，《易傳》的這一描述產生了雙重作用：其一是賦予了易學一大功能，這就是指導科技發展；其二是為指導科技發展提供了一條思維方式，這就是由卦象所象徵的物象引發思考，激發靈感，由此來創制器物，給它起個名字，叫做「觀象制器」。

所謂觀象制器，既包括事物外表形態引發人的思考，又包括對事物自身的數量及功能的模擬，從一事物向另一事物的轉化、事物與事物之間關係、人與事物之間關係引發人的發明創造意圖。

這種思維方式對中國古代科技發展產生了很大影響。涉及到天文、地理、數學、物理、化學，也促進了火藥、指南針、造紙術、活字印刷術的產生。

就天文和地理方面而言，人們稱漢代天文學家張衡為中世的「陰陽之宗」，說他「欲繼孔子《易》，說《彖》，《象》殘缺者」。他根據《易傳》「仰則觀象於天」的思想，制造了渾天儀，用以觀測天體運行的情況。還根據易學的八卦方位說和陰陽感應說，制造了地動儀。地動儀按八卦方位，在一個圓形銅尊的八方各鑄一條龍，龍口中含有一珠，哪一個方向發生了地震，與其相應的龍則發生震動感應，龍口裡的圓珠則會掉到下面所設的蟾蜍口中。

漢代易學提出了卦氣說，以易卦的排列順序表示陰陽消長、推測氣候的變化。張衡認為，京房卦氣說對制定律歷很有借鑑價值，而唐代的天文學家僧一行則作《卦議》，徑直引孟喜的卦氣說，制了一個卦氣圖，將二十四節氣與六十四卦相配，並描述了每個節氣動植物的變化特點。也正是在這一思維方式的啟發下，他編制了新的曆法。為了表明這種曆法與易學的關係，所以取名為《大衍曆》。「大衍」，來源於《繫辭傳》的「大衍之數五十有五」。

易傳仰觀俯察的方法也直接影響了地質、地理學。宋代科學家沈括觀察到太行山上有海洋動物貝殼的化石，與海洋相聯系，判定太行山昔日是海洋，為地殼的演變提供了可貴的見解。地理學家徐霞客依據這種方法，徑直走遍了大半個中國，觀察各個地區的地形、地貌及風土人情，寫出了《徐霞客遊記》，為中國古代的地理學積累了寶貴的資料。

就數學而言，三國時期的數學家劉徽認為，數學來源於伏羲畫八卦，八卦的基本原理是「作九九之術以合六爻之變」，由此他「觀陰陽之割裂，總算術之根源」，而為《九章算術》作注。他接受了《易傳》天圓地方，地陰天陽的觀念，以圓為天，以方為地，以圓為陽，以方為陰。同時認為陰陽是相反而又轉化的。一個圓內接正方形與圓不是絕對對立的。當正方形的邊數不斷增加時，正多邊形的周長則會越來越接近於圓的周長，而當正多邊形的邊數達到一二九時，其周長與圓的周長就非常接近了。在圓的周長還難以精確測出的古代，劉徽以正多邊形周長作為近似圓周長算出了圓周率，得到的結果是3.1416，將當時人們的圓三徑一的觀念向精確化的方向大推進了一步，使其納入到了科學的範疇。這就是所謂的「割圓術」。據說後來的大數學家祖沖之將圓周率精確到3.1415926，也是受了這種方法的影響。

宋代的哲學家邵雍，將《繫辭傳》中太極生兩儀、兩儀生四象、四象生八卦的畫卦程序引申為一分為二的宇宙演化模式。他所提出的先天八卦和六十四卦次序圖，如果以其中的陰為爻為0，陽爻為1，從左向右數，則同二進位的順序一致的。因為它體現了奇偶二數，不斷變換，它的優點在於基數簡明，只有奇與偶兩位數字，作為代表客觀事物的符號，不易混淆。所以其圖式受到德國哲學家和數學家萊布尼茲的贊揚。

宋代的秦九韶則從另一個角度研究算卦方法中體現出的數學演算規律。算卦時用五十五根蓍草，《易傳》稱之為「大衍之數」。開始衍算前藏起六根不用，表示算卦的總根源。剩下的四十九根，經過三變之後，所剩蓍草的數目總不出於三十六、三十二、二十八、二十四之外。這種現象用現代數學的語言來表述，叫做「同餘」，也就是說作為一種算術方法，算得的結果，餘數相同。經過研究，秦九韶發現這是一類數學問題，並找出了它的運算規律，在他的著作《數書九章》中做了記述，為中華文化做出了一大貢獻。這就是人們所說的「大衍求一術」。

就物理和化學而言，明代科學家徐光啟在他的著作《泰西水法序》中曾說，有形有質的東西，有度有數的事物，沒有一項與易學中的象數之學無關，而用象數之學去研究它們，沒有不能揭示其中巧妙之理的。明代的另一位科學家方以智在其著作《物理小識》中用易學關于五行生剋和陰陽流轉的理論研究氣、形、聲、光。這些理論雖然不符合現代物理學的觀念，但也說明中國古代的科學家們對易學很看重，並在盡力用它指導自己的科學實踐。比如方以智依據卦爻象的變化，仰觀自然物，由性能的變化及於物的形態變化，得出了氣體、液體、固體相互轉化及氣、形、聲、光相互轉化的結論，並具體考察了物質變化的過程。認為氣在暖和的環境中會到處游動，而一旦遇到了陰氣則會轉化為水，天上之所以會下雨，就是這個原因引起的。太空之氣旋轉就會成風，振動的時候則為聲，集聚在一起則為光，而凝固成一體則為形。他將這種現象稱為「互相轉應」。

中國古代的化學與道教以陰陽五行的消息生克指導煉丹是緊密相聯的。在煉丹中使用的藥物是鉛、汞、丹砂、黃芽之類。按照魏伯陽的說法，汞性為陽，鉛性為陰，汞遇火而升華，鉛遇火則為水。陰陽相感，鉛汞相交而生金丹。實際上這就是化學上的化合反應。他還以鉛性為金，以丹砂為木，以汞為火，以黃芽為土。認為丹砂遇火而為飛汞是木生火，鉛熔為液體是金生水，飛汞遇到鉛液而凝成粉是水克火。他認為，這就是三性會合。三性會合的基礎是黃芽，所以將黃芽稱為「宗祖」。實際上黃芽在其中起到了催化劑的作用。這種以易學為指導的煉丹術雖然沒能煉出可以服食、可以成仙的仙丹來，但卻促使了中國古代化學的產生和發展。

中國古代的四大發明與易學存在著或多或少、或直接或間接的聯繫。比如，火藥是在煉丹實踐中由硫磺和硝在一定配比下引起燃燒而發明的，不過古人也用陰陽相得、五行生克的理論去理解它。蔡倫從觀察樹皮的性能而引發了造紙的思考，畢昇從觀察印章和膠泥雕塑而引發了活版印刷的思考，都與觀象制器的思維有一定的聯繫。指南針的發明與《周易》同類相感的思維有一定的聯繫。

在中國古代，一些自然科學的發展和器物的發明創造有些與《周易》的思維啟發有聯繫，有些是用易學的思維作過解釋，從而給人一些理論的啟示，使其帶上了明顯的中國傳統文化的色彩。其中尤為突出的是中國古代醫學，下面將其作為單獨的一個專題進行介紹。

五·易學與醫學

中國古代有易醫同源的説法。這一方面説明「易」與「醫」沒有從屬關係，它們是並列的。另一方面又説明二者有著密切聯繫，存在著相互發明的情況。

易學在其發展的過程中逐漸將陰陽相反相濟的思想與五行相生相克的思想結合了起來，用以解釋客觀世界的事事物物。與先秦時期的陰陽家不同的地方是，它不是侷限于解釋天時現象，而是通過解釋易理，通過對卦爻象的分析闡釋事物之象、事物之理。這種方法在漢代已經形成，對中國古代醫學有很大的影響。將這種影響歸納成一句話，則可以説，中國古代醫學在用一陰一陽之謂道及五行相生的思想解釋人的生理，用陰陽失調及五行相克的思想來解釋人的病理。此外，易學觀察事物的種種思維方式也被中醫借用來觀察人的病情，分析人的病因。

大約成書於漢代的《黃帝內經》是中國古代流傳下來的最早的一部醫學經典。它借鑒《周易》的整體思維，將天地萬物與人視為一個統一的整體，認為這個整體的內在機制就是陰陽相反相濟、五行相生相克。陰陽在自然界的表現就是日月、明晦、陰晴、風雨等等，在人體的表現就是表裡、上下、虛實、浮沉等等，五行依照木、火、土、金、水的順序，在氣候方面的表現是風、暑、濕、燥、寒，在功能方面的表現為生、長、化、收、藏，在肌體方面的表現是肝、心、脾、肺、腎，在性情方面的表現是怒、喜、憂、悲、恐。諸種表現形式相互資補，相互克制。如果和諧相處，則萬物均平，肌體健壯；如果失和，則物物相殘，臟器相傷。

在人的身體裡，血氣和精神是人的生命之基礎，經脈是運營血氣、調和陰陽的通道。人體的陰陽協調，人的五臟六腑就能正常發揮功能，人的精神就能處在正常狀態，人的身體就能健康發育，人的生命就能正常維持和延續。人體的陰陽失調，就會產生各種不適和疾病，乃至精神散失，生命消亡。

在人的身體裡，依據五行生克的機理，五臟的相生關係表現為肝生心、心生脾、脾生肺、肺生腎、腎生肝。五臟的相克關係表現為肝克脾、脾克腎、腎克心、心克肺、肺克肝。在這種生克關係中，如果一種臟器的功能太強而克制它的臟器的功能亦隨之而強，則可以達到平衡而免於疾病，因為它的功能得到了克制。例如腎功能過強而脾的功能亦隨之而強，由於腎為水，水性寒，脾為土，土性濕，土可以克水，濕可以克寒，所以疾病可免。如果一種臟器的功能減弱，而資補它的臟器的功能隨之增強，亦可達到平衡而免於疾病，因為它的功能得到了資補。例如，心的功能衰弱而肝的功能隨之增強，由於心為火，火性暑，肝為木，木性風，木可以生火，風可以生暑，所以疾病可免。如果一種臟器的功能太強而得不到克制，則會傷害它所克制的臟器和克制它的臟器。例如心的功能太強則火盛，火性暑，暑盛而得不到克制，則傷燥、寒，燥為金，寒為水，金為肺，水為腎，於是肺、腎有疾。如果一種臟器的功能衰弱而得不到資補，則會被它所克制的臟器和克制它的臟器所傷害。例如肝的功能衰弱，則木衰，木性風，風衰而得不到資補，則被濕、燥所傷，濕為土，燥為金，土為脾，金為肺，於是受脾、肺影響而肝有疾。

有鑒於此，《黃帝內徑》主張從調理陰陽和五行關係著手醫病。而在調理諸種關係時，不僅考慮到人體自身陰陽、五行關係的平衡，而且考慮到人體與自然界之間陰陽、五行關係的平衡。

之後的中醫理論基本上延續了這樣的一種思路並有所發展，有些醫學家更從易學的角度去總結它，說明它。比如易學講究劃分「老陽」、「少陽」、「老陰」、「少陰」，而東漢醫學家張仲景著的《傷寒論》則將病證劃為六種，其中的四種為「太陽病證」、「少陽病證」、「太陰病證」、「少陰病證」。其他兩種是處在「少陽病證」之後的「陽明病證」和處在「少陰病證」之後的「厥陰病證」。病在體表的為太陽病，病在表裡之間的為少陽病，病及於脾的為太陰病，病及心腎的為少陰病。張仲景在論證各種病證時特別注重病證之間的轉化，與易學陰陽流轉的思路也是一致的。

到了明代，著名醫學家張介賓專門從易學的角度對中國傳統醫學做了闡釋，並著有《醫易義》一書。他認為，易學中的象數之學是研究生理、病理和醫理的依據。如果能夠精通了邵雍的象數之學，就可一通百通，探究出醫學的各種道理來。他根據易學「近取諸身」的思路，主張從觀察人體的外表器官的狀態診斷人體的內臟疾病。認為人的內部疾病會表現於人體的外表，而通過人體外部象狀可以驗證人的內部疾病。張介賓進一步發揮了中醫學以陰陽五行的學說解釋人體及病理的傳統，認為人體的各個器官都有陰陽兩重性，如心肺居隔上為陽，脾腎居隔下而為陰，心又為陽中之陽，肺又為陽中之陰，腎又為陰中之陰，脾又為陰中之陽，而肝則為陰中之至陰，以此區別五臟功能之異同，並依其功能的盛衰進行針灸和藥物治療。他還認為，生命的活力、生理機能、精神及知覺活動等無有形質的功能為陽，形體、臟腑、生理器官等具有形質的物質為陰。形體、血脈、精液等等陰性物質是陽性功能的基礎，而陽性功能的喪失就意味著生命的完結。由此而提出補陰、滋腎以延續生命的方法。他又以生命活力為火，以生理的形質為水，認為二者配比得當則元氣充沛，水火二功缺一不可。這正是陰陽互補的易學原理在醫學中的運用。他依據易學天人一體、同類相感的思想，認為天地之開合也就是人的呼吸，晝夜的潮汐也就是人身的脈息，天之氣也就是人之氣，人之體也就是天之體，並從這樣的觀點出發，考察天地變化與人體變化之間的關係。他進一步用易學陰陽流轉的思想考察了人體不同功能相互作用的過程，認為人體內五行生克是一種循環的過程，而且生與克兩種循環過程也是相輔相成的，相生中包括相殘，相克中又包括相濟。造化的機制不可以沒有相生，也不可以沒有相制。如果沒有相生，那就沒有發育的憑藉；如果沒有相制，那就會發育過頭而受害。因此必須通過生克的循環維繫人體各個器官的平衡。張介賓還以邵雍先天圖中陰陽爻象互為消長的思想解釋人的生命現象，認為由出生到衰老是自然而然的法則，生死受陰陽升降規律的支配；如果到了坤卦六爻皆陰的境地，陽爻窮盡了，那麼生命也就終止了。而人生之初，是處在臨卦二陽增長之時，如果加以培養，到壯年時則會體質康健。進入衰老時期，則是處在觀卦四陰增長之時，這時應該提前預防，以延緩老化。這樣一來，邵雍先天圖中陰陽消長的循環思維，在張介賓這裡便發展成了一種生命發展規律的模式。可以這樣說，通過張介賓的總結和闡發，中國傳統醫學與易學之間的血緣關係更加明朗，而且更加系統化了。

六·易學與審美

美，是人的一種愉悅感受。它產生於客觀事物對人的刺激。客觀事物作用於人的感官，能夠引起人的種種心理反映。如果一種刺激與一個人的身心特質相協調，相適應，這種刺激就會引起這個人的愉悅感受。審美，則是對這種愉悅感受的體驗。比如一個人性情沈穩，誠實敦厚，見到大山固峙、蔥蘢茂密，他會產生一種安穩寬厚的舒適之感，另一個人性情機敏，智慧多謀，見到清水激揚、白浪碧波，他會產生一種清明順變的舒適之感。這都屬於美的感受。所以孔子曾經說：「仁者樂山，智者樂水。」所謂「樂」，也就是有了美的感受，否則的話，也就無所謂樂了。人有此樂，而又主動去體驗此樂，這就是我們所說的審美了。

人雖各有自身的心理特質，但人與人之間也存在著某種共同的心理特質，所以某些人群，亦或整個人類，存在著某種共同的美感和審美情趣，比如健康、諧調、圓滿、暢達，一般說來，是人們共同引以為美的客觀因素。

《周易》經傳不是專門論述審美的著作，甚至也不是對審美所有論述的著作，不過它的形式和內容卻包含著審美的原則，也引發讀者對美的感受。

從美感自身來看，主要表現在兩個方面。

其一是生機美。所謂「生機美」，是由事物的新生與健康發展所引發的一種愉悅感受。《易傳》在這方面表現得特別突出，它反覆讚揚生的品格。比如《繫辭傳》說：「天地之大德曰生。」從而把一切有利於生存，有利於生長，有利於事物發展和人身健康的事物都視為美好的東西，都視為吉。比如《文言傳》在解說乾卦時說「乾始能以美利利天下」，認為乾卦象徵著天，它使萬物開始，將一切美好和有利的東西施予天下，而自己卻從來也不自我誇耀，這真是偉大呀！從而讚美乾卦所象徵的那種剛健有為、自強不息的精神。此外它還以坤卦為大地的象徵，讚揚大地使萬物生長的厚德載物的精神。因為這兩種精神，既是事物自身生機勃勃的表徵，又是事物施惠滋生的明證。

這種以生機為美的觀念，對中國文藝創作發生了深遠的影響。中國的文學、繪畫、書法和雕塑，都以「氣韻生動」和「神韻」作為創作的原則。《易傳》說：「神也者，妙萬物而為言者也。」意謂萬物的變化都基于神妙莫測的性能。此「神」字，後被文藝家引申為神氣、神韻、氣韻、生氣、精神等，用來表達作品中的生機美。如東晉的畫家顧愷之提出「以形寫神」，認為形象是用來顯示神韻的，即形象要有生機感。又如南齊的書法家王僧虔論書品說：「神采為上。」把神氣、骨力放在第一位。明代畫家董其昌說：「文要得神。」這是說，好文章讀起來扣人心弦，欲罷不能，富有生命力。明末清初的王夫之提出「形神合一」說，認為上等的藝術品，一方面要形似，另一方面要有神韻和生氣，二者不可缺一。在這種以形寫神的思路啟發下，形成了中國人文畫即寫意畫的傳統，並成為中國繪畫的一大特色。近代國畫大師齊白石的作品即是典型的代表。

其二是和諧美。所謂「和諧美」，是由事物互補互濟、和洽共存而引發的一種愉悅感受。《周易》很推崇和諧，將和諧視為吉利的象徵。在《周易》的作者看來，世界上的一切事物都是由陰陽兩個方面組成的。陰陽是相互對立的，具有不同的性能。然而，二者又是互補互濟，不可分離的。事物都是由陰陽二者的交合而產生的。因此中國美學又將陰陽相交和剛柔互補作為判斷美的價值準則。

中國現存的第一部系統論述音樂理論的著作《禮記·樂記》頗受《易傳》的影響。它以陰陽對立說明禮的意義，因為禮貴差等；以陰陽統一說明樂的意義，因為樂主合和，所謂「樂者，天地之和」，其意是說，陽剛陰柔調配得當，處于和諧境地，人聽了方心平氣和，陶冶性情。南朝的文學理論家劉勰依《易傳》的「剛柔立命」說，認為文彩與情理配合得當，相互補充，方是好文章。宋明書畫家，論書法，主張「方圓相參」；論畫，主張「虛實互用」。以此體現作品的和諧美。清代的文學家姚鼐論文說：「陰陽剛柔並行而不容偏廢。」總之在易學陽剛陰柔互補思維的啟發下，追求和諧美，成為中國傳統文化的一大特色。

生機美、和諧美，在《周易》系統那裡，是形式不同而密切相關的審美體證。其中最根本的是生機美。這是因為，生是生命存在的前提，也是自我感受的前提。沒有生也就沒有自己生命的存在，沒有生也就沒有自我感受的存在。可以說，維護自己的生命是人的第一本能。正因如此，利生則舒適，利生則美，也就成了人們自然而然的感受了。歷代的文學藝術家從中吸取養料，使中華文藝在世界文化史上獨樹一幟。

從美感的表現來看，有兩個主要層次：

其一是形式美。《周易》系統具有三種表達形式：一種是象，也就是一奇一偶的爻象和六爻疊成的卦象；另一種是辭，也就是解說爻義和卦義的語言；第三種是圖，也就是用以表徵義理的圖案。前兩種主要存在於《易經》和《易傳》之中，後一種主要存在於易學之中。這裡且不說易圖中的義蘊之美，也不說卦爻辭的語言之美，僅只六十四卦卦爻象的組成及變化的形式，就給人以美的感受。

卦爻象，說來很是簡單，只有「—」、「--」兩種符號，可是也就是這兩種簡單符號，卻引發出了六十四個卦象。就六十四卦的結構和排列說，都是兩兩相對，如乾坤相對，泰否相對，剝復相對。其中既濟䷾與未濟䷿兩卦，爻象都相反，一陰一陽，相互對峙，給人以均衡、對稱的美感。陰陽魚太極圖，也是黑白兩魚相對稱，頭尾相倚，同樣予人以美的感受。古代的藝術家往往從卦象和易圖的形式結構中受到啟發，從事其藝術品的創造。如作為裝飾用的圖案畫及中國古代建築群的佈局，即是這種對稱美的體現。

其二是意境美。《周易》卦爻象蘊涵著吉凶之意。《易傳》將這種觀點稱為「聖人立象以盡意」，認為圖象的價值在於表達作者的意念或觀念。「立象以盡意」這一命題，就美學說，提出了形象思維的問題。在這種思維的引導下，中國傳統美學認為，任何有價值的藝術品，一方面要有其形式美，另一方面，其形式要體現某種情意或作者的思想境界，給人一種意境美。這種美學原則，對中國的文學、繪畫、書法等文藝創作具有重大影響。如宋代文學家歐陽修說：「古畫劃意不劃形。」蘇軾也說：「論畫與形似，見與兒童鄰。」都是說第一流的作品，所劃人、物，不在于劃得很像，而在于體現作者的情感和意念。如鄭板橋的竹子，是通過竹子之象，劃出高風亮節、豪氣凌雲，不向疾風暴雨低頭的品格。清代的文藝批評家劉熙載依《易傳》的「立象以盡意」句，論書法說：「意為先天，是書法之本；象為後天，是書法之用。」認為書法不僅體現一代人的風格，也體現作者的性情，或力勁或氣厚，或溫雅或雄健，或豪放或沉著。總之，寫出精神面貌方為上品。王國維論詩詞，強調作者的真情實感，提出境界說，認為寫景寫情，既要合乎自然，又要體現某種理念或心中之感想。他評論「明月照積雪」、「大江流日夜」、「中天懸日月」、「長河落日圓」等詩句說：「其境界，可謂千古壯觀。」這也是在「立象以盡意」之啟發下確立的評論標準。由此可見，《周易》的影響對提高中國古代文學藝術的意境具有重要意義。

後記

本書是在《易學基礎教程》的基礎上改寫而成的。《易學基礎教程》由原美芝靈國際易學研究院院長、北京大學哲學系教授朱伯崑先生主編。其他編著者有（按撰文出現順序排列）：中國大百科全書出版社副總編輯、編審王德有（緒論、第五章、第六章《易學與哲學》一節）；北京大學哲學系副教授王博（第一章）；清華大學思想文化研究所副教授廖名春（第二章）；北京師範大學哲學系教授鄭萬耕（第三章、第四章《易圖學與漢代象數之學》一節）；中國社會科學院世界宗教研究所研究員李申（第四章、第六章《易學與道教》一節）；武漢大學哲學系教授唐明邦（第六章《易學與人倫》一節）；中國科學院自然科學史研究所研究員董光璧（第六章《易學與科學》一節）；武漢大學哲學系教授蕭漢明（第六章《易學與醫學》一節）；武漢大學美學研究所所長、教授劉綱紀（第六章《易學與審美》一節）。

東方國際易學研究院成立後，為了適應廣大易學愛好者的需要，朱高正先生提議用更簡明、更通俗的語言將易學的基本知識表述出來，在朱伯崑院長的主持下，對《易學基礎教程》做了修改，並更書名為《易學漫步》，這就是本書的來由。參加修改工作的有（按撰文出現順序排列）王德有（緒論、第四章、第五章）、王博（第一章、第二章）、鄭萬耕（第三章）。

國家圖書館出版品預行編目資料

易學漫步

朱伯崑主編. – 初版. – 臺北市：臺灣學生，1996〔民 85〕
面；公分

ISBN 978-957-15-0795-8 (平裝)

1. 易經 – 評論

121.17 85011697

易學漫步（全一冊）

主編者：朱伯崑
出版者：臺灣學生書局有限公司
發行人：楊雲龍
發行所：臺灣學生書局有限公司
臺北市和平東路一段七五巷一一號
郵政劃撥戶：〇〇〇二四六六八號
電話：（〇二）二三九二八一八五
傳真：（〇二）二三九二八一〇五
E-mail:student.book@msa.hinet.net
http://www.studentbooks.com.tw

本書局登記證字號：行政院新聞局局版北市業字第玖捌壹號

定價：新臺幣二〇〇元

一九九六年十一月初版
二〇一八年六月初版四刷

12134
ISBN 978-957-15-0795-8 (平裝)